Heinrich Preschers

Historia Infallibilismi

oder gründliche Fürstellung der wahrhafften und falschen Infallibilität in

christlichen GlaubensSachen

Heinrich Preschers

Historia infallibilismi
oder gründliche Fürstellung der wahrhafften und falschen Infallibilität in christlichen GlaubensSachen

ISBN/EAN: 9783743624054

Hergestellt in Europa, USA, Kanada, Australien, Japan

Cover: Foto ©ninafisch / pixelio.de

Weitere Bücher finden Sie auf **www.hansebooks.com**

HISTORIA INFALLIBILISMI,

Oder

Gründliche Fürstellung,

Der wahrhafften und falschen Infallibilität in Christlichen Glaubens-Sachen;

Der letzten Ursprung und böse Früchte/ bey diesen/ absonderlich im Heil. Röm. Reiche/ wegen der Frantzosen Hochmuth und Arglist gefährlichen Zeiten;

Auch wie/ ungeachtet der dadurch eingeführten Irrthüme/ die unter dem Joch der Neben-Infallibilität verwickelte Christ- und geistlich-gesinnete Kinder GOttes/ der ewigen Seligkeit theilhafftig werden können;

Mit Christlicher Bescheidenheit an den Tag gegeben

Von

A. B. J.

Gedruckt im Jahr Christi 1690.

Eingang
und Veranlassung zu dieser Schrifft.

Innhalt.

§. 1.

Er König in Franckreich hat eine geraume Zeit her in seinem Verlangen zur Universal-Monarchie ziemlich avanciret. §. 2. Ein unvermutheter Streich der gesamten Alliirten/ daran die Protestirenden den meisten Theil haben/ komt ihm in die Qvere. §. 3. Daher nimt er Anlaß/ die Römisch-Catholischen zu bereden/die Protestirende wolten sie/ und mit ihnen die Päbstliche Religion/ gar ausrotten. §. 4. Solcher Fürwand kan durch etzliche von denen Protestirenden publicirte unruhige und gehäßige Schrifften secundiret werden. §. 5. Eine dergleichen unruhige Schrifft ist des D. K. zweygehörnetes Thier; weil darinnen des Königes in Franckreich und der gantzen Römischen Clerisey Untergang/ §. 6. Hergegen der Rein-Lutherischen Kirchen Religion Auffnehmen und Flor gantz gewiß versichert/ ihre (Neben-) Infallibilität so wohl wider die Römisch-Catholische/ als nur schlecht weg Lutherische und die Reformirt-gebliebenen Kirchen auffs äuserste vertheidiget/ der ietzt genanten Römisch-Catholischen aber verworffen; §. 7. Ingleichen der paragraphus des Instrumenti Pacis, de mutua Tolerantia, daß er die reine Lutherische Glaubens-Kette (die Articulos fidei fundamentales) zerreisse und zernichte/ bedrohlich angeklaget; §. 8. Und also ein Exempel der Rein-Lutherischen Animosität oder Hefftigkeit gegen die übrigen an den Tag gegeben wird. §. 9. Einwurff dargegen. §. 10. Beantwortung desselben Einwurffs. §. 11. Bitte des Autoris an den Leser.

§. 1. Es

§. I.

ES haben eine geraume Zeit her die täglich ein-lauffende Nachrichten der Welt kund gemacht/ wie artlich der unruhige und beherrschungs-süchtige Friedens-Stöhrer/ der König in Franckreich/ sich in die Possen schicken/ und aller unter denen benachbarten entstandenen Unordnungen zu Erhaltung seines Zwecks sich bedienen könne/ damit er sie ingesamt unter sein Arbitrium bringen / und die Ober-Bothmäßigkeit über sie erlangen möchte; Absonderlich aber jetzt/ da er wahrnimmt/ daß er auf dem Wege/ dessen sich seine Vorfahren und er hiebevor so nachdrücklich bedienet/ nicht mehr fortkommen kan; Indem eines theils seiner an den fürnehmsten hohen Höfen mit grossen Unkosten gehaltenen Spionen bißher gebrauchte Künste (damit er seine Reuniones behauptet/ seine Grentzen extendiret und befestiget) so gar offenbahr worden/ daß auch die Sperlinge auf den Dächern davon zu singen wissen; Anderes theils aber ihm die Hülffe entstehet/ die er von den sämbtlichen Protestirenden/ in Unterdruckung einiger von der Römischen Clerisey und der neben-infalliblen Grundfeste eingenommener/ und ihme viel zu mächtig-scheinender hoher Häupter zu deroselben Schwächung biß dahin glücklich gebraucht/ und noch ferner sich zu gebrauchen ihme eingebildet hatte/ weilen beyde Theile beginnen die Augen auffzuthun/und absonderlich darauff Reflexion machen/ daß er der Gloire des Aller-Christlichsten Königes nicht ungemäß achtet/

achtet/ den Türcken zum Friedens-Bruche wider die gesambte Christenheit anzureitzen/ und/ so viel an ihm/ zu veranlassen/ daß ihre Vormauer/ der Röm. Käyser/ und mit ihm ein guter Theil des Römischen Reichs/ durch diesen Blut-Hund in die äuserste Ruin gesetzet würde.

§. 2.

Als ihn aber dieser verteuffelte nnd mehr als Türckische Anschlag/ durch GOttes sonderbahre Schickung und der gesamten hohen Alliirten/ absonderlich der Protestirenden/ in specie des Durchläuchtigsten Churfürsten zu Sachsen/ ihrem Großmächtigsten Oberhaupt treu-geleisteten Beystand/ mißgelungen/ hat er die biß dahin in seinem Reiche durch das Edict zu Nantes in Sicherheit gesetzte Protestirende rechtschaffen dafür dragoniret/ und also versucht/ ob er/ durch diesen grausamen und von den Heyden nie gebrauchten Verfolgungs Weg/ die Infallibilität der Päbstlichen Satzungen/ seinen sonst gehorsamen und getreuen Unterthanen einzwingen/ und folgends einige hohe Häupter/ unter den allzu devoten Römisch-Catholischen/ darmit gewinnen/ und auf seine Seite bringen; die Protestirende aber/ weil sie sich seiner Gloire und grossen Desseins allzu starck zu widersetzen begunten/ vermittelst jener Hülfe/ ihrem Verdienste nach abstraffen möchte. Nachdem er aber ferner siehet/ daß wider alle sein Vermuthen/ und die vermeinte menschliche Allwissenheit obgedachter seiner Spionen/ der Printz von Oranien ihm

ihm einen urplötzlichen Oberstreich in Engelland versetzet/ und des starcken bey diesem Königreich gantz festiglich versichert-gehaltenen Appuys einmahl für alle gäntzlich entblößet/ so hat er sich nicht gescheuet/ den vor wenig Jahren/ unter dem Schein der Beybehaltung des Ruh-und Wohlstandes in Europa/ dem Römischen Käyser und Reiche gantz betrüglich angebotenen/ und bey währendem Türcken-Kriege und zu besserer Fortsetzung desselben eingegangenen zwantzig-jährigen Stillstand wieder zu brechen/ auch mit Brandschatzen/ Morden/ Sengen und Brennen ärger als Türcken und Tartern zu thun gewohnt/ die nächst am Rheinstrom gelegene unbewehrte Stände/ zu der Zeit/ da ihre Völcker in Ungarn wider den Feind der Christenheit stunden/ gantz unvermuthet ohne einige andere Ursach/ als daß es Ratio Status also erforderte/ zu überfallen/ und in Grund zu verderben.

§. 3.

Bey aller dieser Barbarischen Grausamkeit vergisset er seiner Tücke nicht/ sondern bemühet sich aufs äuserste/ obgedachte Römisch-Catholische/ und zuförderst den Römischen Käyser selbst einzuschläffern/ und listiglich zu bereden: die Protestirende hätten schon vor langer Zeit dahin getrachtet/ wie sie/ mit Zusammensetzung ihrer Kräffte/ alle der Römisch-Catholischen Religion zugethane hohe Häupter unterdrucken/ und dieselbe mit samt dem Pabst und der Päbstlichen Religion gäntzlich ausrotten und vertilgen möchten. §. 4.

§. 4.

Wiewohl nun dieses denen weltbekanten Grund-Regeln der Christlichen Evangelischen Warheit/ und zu derselben sich bekennenden Protestirenden in würcklichen Waffen begriffener hoher Häupter/ schnur-stracks zuwider ist/ und dannenher das Widerspiel jedermänniglich in die Augen lauffen/ und also dieser listige Lufft-Streich bey keinem vernünfftigen Menschen einigen Beyfall finden solte; So unterwinden sich doch einige der Weltläuffte kündige un verschlagene Köpffe/ die gegenwärtigen Begebenheiten/ und derselben Umbstände dergestalt unter einander zu mischen/ und zu qvalificiren/ auch durch herumb schleichende Schrifften denen mit der Beysorge præoccupirten Gemüthern/ daß die Protestirende bey habender Gelegenheit und Macht/ gleich mit gleich vergelten dürfften/ bey der zu Regenspurg sich befindenden Reichs-Versammlung allerhand ungleiche Meynungen beyzubringen; Also daß man daselbst nothwendig Reflexion drauf machen/ und sie offentlich durch den Büttel verbrennen lassen müssen. Weil nun zu Ergreiffung solcher Opinionen/ die durch theils der Protestirenden Lehrer von dem Pabstthum entlehnte Infallibilität nicht wenig contribuiret/ indem sie sich einbilden/ und auch andere bereden wollen/ als ob sie allein Orthodoxi wären/ und die allein seligmachende Religion hätten/ und also nur allein diejenigen selig werden könten und müsten/ die sich darzu bekennen; auch noch ferner durch einen und

andern

andern Apocalyptischen (Offenbahrungs-) Geist bestärcket werden/ daß sie daher ihnen den Triumph über den Römischen Antichrist (wie sie den obersten Bischoff in der Occidentalischen Kirche oder den Pabst nennen) und desselben so wohl als seiner gantzen Clerisey/ gäntzliche Ausrottung uñ Zernichtung versprechen; So kan gar wohl seyn/ daß diese wiewohl eitele und lächerliche Einbildungen/ sonderlich wañ sie durch offentlichen Druck in der Welt bekant/ uñ unzehlicher andrer berühmter Doctorum Schriften gleichförmig gesundē werden/ bey denē Römisch-Catholischen starcke/ auch wohl unfehlbare Impressiones machen/ als ob das Instrumentum Pacis denen Protestirenden nur ein Spiegelfechten sey/ und das auf so theure Gewissens-Verbindung begründete verträgliche Exercitium der drey Christlichen Confessionen/ nach Beschaffenheit der Umbstände/ entweder von ihnen behalten/ oder zernichtet werden könte/ und also ihnen gewünschtē Anlaß geben/ Zeter über alle Protestanten ingesamt zu schreyen/und ihnen das jenige/ worüber sie ihrerseits so hefftig geklaget/ wieder in den Busen zu schieben.

§. 5.

Ein mit dergleichen Träumē angefüllter Tractat, das zweygehörnte Thier genant/von D.K. aufgesetzt/ und zu Merseburg anno 1686. gedruckt/ ist mir neulicher Zeit unter die Hände gerathen/und habe ich daraus mit Verwunderung ersehen/daß der erstgemeldte D.K. seinem genio oder ingenio so sehr viel indulgiret;

ret; (welches vielleicht daher kommt/ daß er sehr belesen/ und über das nach glücklich überstandener Verfolgung ihm etwas über das menschliche Talent, und gar einen Spiritum Apocalypticum attribuiret,) und des Königs in Franckreich zusamt des Römischen Cleri Untergang fest gesetzet. Sehr viel ist es auch/ daß er pag. 69. fürgiebt/ er wäre genöthiget worden/ seine zu Pappier gebrachte Apocalyptische meditationes vermittelst des Gebets auf dem Tische zubehalten. Wiewohl er sich nun des Eventus und Erfüllung aller Specialium, wie sie ihm der Instinctus internus in den Kopff gebracht/ unfehlbahr versichert/ so halte ich doch dafür/ daß es am rathsamsten sey/ daß man sie ad reservata referire, und darbey von Hertzen wünsche/ daß der große GOtt seine so wohl/ als des Mr. Jurieu (eines Refugié, der auch einen Theologum Apocalypticum abgiebt/ wiewohl nicht mit der Approbation, die er sonst in vielen andern wohl meritiret) mit untergemengte gute Gedancken/ durch seines Geistes Krafft/ ohne gewaltthätiges Blutvergiessen/ secundiren/ und die allein infallible Warheit des Evangelii in aller Christen Hertzen ohne einigen infalliblen zusatz der Menschen erhalten wolle.

§. 6.

In übrigen thut er den gantzen Tractat hindurch (in specie p. 75. 83. & 106.) sein bestes/ daß er seine lautere rein-Lutherische Religion oder die Infallibilität aller ihrer Articulorum fundamentalium (Glaubens-Sätze) beybehalten/ und durch bündige Schluß-Reden

Rede bestätige! Hingegē aber die Lehre der Römisch-Catholischen so wohl/ als der von Luthero und andern seines gleichen allerseits seligen Männern/ Reformirten und Reformirt gebliebenen p. / nicht weniger auch der/ seiner Meynung nach/ nicht rein-Lutherischen Kirchen (in welcher er den Fürstl. Lüneburgischen General-Superintendenten Hn. D. Hildebrand für andern ausmahlet/ wiewohl dieser vom Philalethe in einer zu Zelle Ao, 1687. gedruckten Vertheidigung der Gebühr nach gerettet wird) über einē Kamm nehmen/ durchhecheln und verketzern möge.

§. 7.

Zu welchem Ende er auch/ absonderlich pag. 86. 87., die Religions-mengerey/ oder vielmehr die unter denen geistlich gesinneten der dreyen Christlichen Confessionen reciprocè übliche/ auch im Oßnabrügischen Friedens-Instrumento Artic. 7. per Sanctionem Pragmaticam, zur Erhaltung Ruh- und Wohlstandes im Römischen Reiche/ zum Grunde des beständigen Friedens gesetzte und theuer anbefohlene Moderation und Ubertragung sehr unbarmhertzig tractiret/ gantz ärgerlich beschreibet/ und so vieler böser schädlicher Früchte beschuldiget/ also gar/ daß er sich nicht scheuet p. 89. den erstgemeldten Friedens-schluß schimpfflich zu tadeln/ und den ietzt besagten Articul einen unseligen Satz zu nennen/ auch zur Ungebühr zu beschuldigen/ daß er die heillose Religions-mengerey mercklich befördert/ und den sonst eyferigen Lutheranern weiß gemacht/ daß die Päbstliche Religion, mit der ihrigen/ in fundamento fidei überein komme; Wodurch etzliche wie das Laub von den Bäumen ab= und dem Pabstthum zugefallen wären/ immaßen er sich dann auch kurtz zuvor p. 86. befürchtet/ daß/ wofern denen Widersachern (den Römisch=Catholischen/ den nicht rein=Lutherischen/ den Reformiert gebliebenen) auch nur in einem eintzigen Puncte nachgegeben würde/ oder man ihnen in geringsten wiche (gestünde/ daß auch sie/ bey ihren Glaubens=Bekäntnissen/ könten selig werden) so wäre die feste Kette des reinen Luther= thumbs schon zerrissen.

§. 8.
Und daraus ist abzunehmen/ wann der Herr D. K.; und seines gleichen Verfechter des reinen Luther= thums/ die Majora bey den Westphälischen Tractaten gemacht/ daß gar kein Friede zu hoffen gewesen/ wo= fern nicht vorher die obgemeldten Widersacher ent= weder gantz ausgerottet worden/ oder sich so weit submittiret hätten/ daß sie mit einem Revers sich ver= bindlich gemacht/ sie wolten alles schmähen/ lästern und verdammen gerne mit Gedult ertragen/ und dar= wider nicht einmahl mucksen/ sondern vielmehr noch grossen Danck darzu sagen.

§. 9.
Es möchte aber jemand einwenden: Es käme sehr unfreundlich und fast gehäßig heraus/ wann man von einem unbenahmten D. K. auf die rein=Lu= therische Lehrer ingesamt argumentiren/ und ihnen solche gefährliche/ und weit aussehende Beymessun= gen/

gen / welcher sich der Römisch-Catholische Clerus allein schuldig gemacht hätte / imputiren wolte; Es wäre ja weltkündig / daß der Pabst solenniter wider den Friedens-Schluß protestiret / und denselben für unkräfftig gehalten; Das hätten gleichwohl die Lutherischen Theologi nicht gethan.

§. 10.

Hierauff dienet zur Antwort/ daß es nicht ohne/ daß das zweygehörnte Thier wenig oder nichts zur Sache thun/ wohl aber erlaubten Anlaß geben kan/ von der darinnen enthaltenen wieder auskramung der alten und mit vielen apocalyptischen Einfällen neu-ausgeschmückten Infallibilitäts-Geheimnüsse auf der gewesenen und ietzigen Celeberrimorum Doctissimorumq; SS. Theologiæ Doctorum Lästerungs- und Verdamniß-volle Predigten/ Tomos, Systemata, grosse und kleine Tractatus, und unzehliche Disputationes, einige/ auf die ietzige Zeiten gerichtete Reflexion zu machen; In welchen sie sich eußerst bemühet haben/ und noch bemühen/ alle Christen an ihre Orthodoxiam und an ihre Glaubens-Kette anzufesseln/und/ den Bähren gleich / an der Nasen herumb zuführen; diejenigen aber/ die nicht anfassen wollen/ mit samt ihrer Lehre oder Glaubens-Bekäntnissen zu verketzern und zu verdamen/ auch bey den Jhrigen auf allerhand Art und Weise/ biß zu der weltbekanten Unwarheit/ verhaßt zu machen/ und sie für derselben ansteckenden Gifft/ wie für der Peste zu warnen. Was thun sie wohl anders/ als daß sie den mehrerwehnten

Articul de mutuâ Tolerantia, als ein syncretistisches monstrum, so viel an ihnen/mit Ruthen ausstreichen/ und also viel schärffer dagegen protestiren/ als der Innocentius X. gethan; Als welcher nur zweymahl Ao. 1648. und 1654. eingekommen/ und zwar meistens wegen der seculari sirten Güter/ damit dieselben als des Römischen Stuels Cammer-Intraden nicht in perpetuum entzogen bleiben müsten.

§. II.

Wann nun das vorhergehende/in der Furcht des HErrn (warumb ich inständig bitte) erwogen wird/ so will ich nicht zweiffeln/ man werde es zum besten wenden/ daß ich in vernünfftiger Erwegung des unwiderbringlichen Schadens/ den dergleichen so unzeitige als unnöthige/ auch gantz vergebliche Unternehmungen/ so wohl in dem allgemeinen Christenthume/ als in dem Ruh- und Wohlstande des gemeinen Lebens verursachen/meine wenige darbey habende Gedancken aufs kürtzeste zu Pappier bringen wollen. Ich gestehe zwart gerne/ daß ich lange bey mir angestanden/ ehe ich mich hierzu resolviren können; Weil ich mich befürchtet/ es möchte mir von einigen zum Fürwitz zugerechnet/ oder auch wohl gar von denjenigen/ welche sich so gar sehr in die Infallibilität verliebet/ ein besonderer Beruff/ zu diesem Wercke/ von mir erfordert werden; Gleichwohl aber/ nachdem ich der Sache in der Furcht des HErrn (wie ich hiemit für Gottes des Hertzen-Kündigers Angesicht bezeuge) nachgedacht/ treuen Einrath/ Mit-hülffe und

und zugleich Hoffnung gefunden/ daß es hinkünfftig mehr-Erleuchteten zu besserer Ausarbeitung Anlaß geben/ und also endlich einmahl zu der Ehre Gottes/ zur Erbauung der Christenheit und Beruhigung so vieler durch den fürgefaßten Wahn eingenommener Gemüther gereichen könte; So habe ich es im Nahmen Gottes/ und zwar unter dem Nahmen D. G. J. nach dem Exempel des D. K. gewagt/ bitte aber darbey/ der Christliche Leser wolle versichert seyn/ daß ich hertzlich verlange/ eines bessern/ im Fall ich etwan irren würde/ mit Christlicher Bescheidenheit unterrichtet zu werden. Hiermit werde ich die Veranlassung zu gegenwärtiger Schrift zur Gnüge gezeigt haben; Nun will ich in aller Einfalt mit wenigen zeigen/ worinn die Orthodoxia bestehet.

Das I. Capitel.
Die warhaffte Infallibilität ist auf das reine und allein infallible Wort Gottes/ und den Apostolischen Glauben gegründet.

Innhalt.

§. I.

Die Christliche Religion ist die alleinige Orthodoxia, und bestehet in dem selbständigen Wesen des reinen Göttlichen Worts; §. 2. Dieses wird mit dem selbständigen/ reinen und

und unzertheilbaren Wesen des reinen Goldes vergliechen. §.3. Deſſelben reines Weſen kan durch frembde Zuſätze zwar unſcheinbar/ auch unterſchiedbar gemacht werden; bleibt aber dennoch vollkommen rein und un= unterſchiedbar. §.4. Gründliche Fürſtellung der Erſchaffung des Menſchen/ nicht weniger als des Zwecks/ den der Schöpfer gehabt/ neml. ſeine Verherzligung. §.5. Der Menſch mißbrauchet der ihme von Gott verliehenen Gnaden=Gaben/ und geräth in den Sünden=Fall. §.6. Fürſtellung der grund=gütigen Barmhertzigkeit GOttes bey Wieder=aufrichtung des gefallenen Menſchen. §.7. Der vieh=und irrdiſch geſinneten verſtockten Menſchen Tichten und Trachten iſt auf das irrdiſche/ vergängliche/ und des Satans Eigenſchafften/ Lügen/ Haß/ u.ſ.w. §.8. Hingegen der Chriſt= und geiſtlich geſinneten Wiedergebohrnen auf das himmliſche/ ewige/ die Erneurung des Göttlichen Ebenbildes / und Eigenſchafften/ Warheit/ Liebe/ u.ſ.w. gerichtet. §.9. Welche ſich der warhafften Orthodoxia und

der

der ewigen Seligkeit getrösten können. §. 10. Viel Christen halten dafür/ das reine Wort GOttes und der Apostolische Glaube sey noch nicht die infallible Orthodoxia; man müsse noch etwas mehr für infallibel halten. §. 11. Was der Apostel Paulus unter dem Worte/ Rotten/ verstehe. §. 12. Woher die Rotten entstehen. §. 13. Die Rotten werden in 2. Classen getheilet. §. 14. Worinnen sie überein stimmen, §. 15. Veranlassung zu dem folgenden Capitel.

§. 1.

Die Christliche Religion ist die warhaffte allein- und infalliblement seligmachende Orthodoxia, oder der rechte Weg zur zeitlichen Wohlfahrt und ewigen Seligkeit/ welcher durch Mosen und die Propheten im Fürbilde gezeiget/ in Christo aber erfüllet/ und durch ihn und die Apostel uns offenbahret und mitgetheilet worden/ und hat zum festen/ unfehlbahren und unbeweglichen Grunde das reine Wort Gottes/ welches in vollkommener Reinigkeit/ als seinem selbständigen Wesen/ bestehet/ und in sich selbsten eben so unveränderlich ist/ wie die Reinigkeit (doch ohne ungeschickte Vergleichung) des alleredelsten Metalls/ des Goldes.

§. 2.

Denn gleichwie dasselbe ohne einige Versehrung/

Verminderung/ Abgang und schädlicher Mengerey bleibet was es ist; also gar/ daß/ obschon ein Stück reines Goldes an der Grösse und Gewichte/ durch einen oder andern Zusatz/ kan vergrössert und schwerer gemacht/ ja auch unscheinbar/ und besudelt werden/ so verlieret doch die selbständige Reinigkeit/ oder das Stück reines Goldes/ nichts an seinem Gewichte/ Würde oder Gehalte; Es ist auch an sich selbst keiner Subdivision (Unterschiede) unterworffen; und wann die Künstler/ oder auch wohl Betrüger/ durch ihre Zusätze Ducaten- Cronen- Rheinisch- oder/ des Scheins uñ Vermehrung halber/ falsch Gold draus machen wollen/ so müssen sie es doch in seinem reinen Wesen un- unterschieden lassen. Eben so wenig gehet der selbständigen Reinigkeit des Worts Gottes und dessen innerlicher unwandelbahrer Warheit/ als dem Grunde der wahren Christlichen Religion/ etwas ab/ wann sie schon mit erdichteten und erborgten menschlichen Zusätzen einiger der Welt/ und nicht Gott/ ergebener vermischet/ verunreiniget uñ vermehret wird; welche Zusätze ebenfals keinen Unterschied in der Christlichen Religion und derselben Bekäntniß machen/ sondern sie unterscheiden sich nur selbst unter einander/ indem sie sich von der erstgemeldten Christlichen reinen Religion abscheiden. Dieser unwandel- und un- unterschiedbaren Reinigkeit und Einigkeit willen/ hat die auf die selbständige Warheit des göttlichen Worts gegründete Christliche Religion/ als der alleinige Weg zur zeitlichen und ewigen Glückse-
ligkeit/

ligkeit/ den Fürzug für allen andern/ den ietzigen Jü­dischen/ Türckischen und Heydnischen/ eben wie das Gold für allen andern Metallen.

§. 3.

Wenn nun alle/ die mit dem Golde umbzugehen wissen/ dasselbe in seiner Reinigkeit ohne frembde Zu­sätze liessen; Ingleichen wenn auch alle im Nahmen der Heil. Dreyeinigkeit getauffte/ und durch Christi theures Verdienst erlösete/ auch zum Lehr-Ambt ab­sonderlich beruffene Christen/ bey dem allein reinen Worte Gottes/ als der einigen unbeweglichē Grund­feste der Christlichen Religion geblieben wären/ und noch blieben/ so würde man in der Welt nicht so viel betrügliche Alchymisten/ nnd in der Kirchen Gottes nicht so viel Heuchler und Maul-Christen finden/ und nicht Ursach haben zu sagen: Es ist nicht alles Gold/ was gläntzet; Es sind nicht alle rechtschaffene Gott wohlgefällige Christen (veri, cordati, sinceri Orthodoxo-Christiani)/ die sich zu Christi Nah­men bekennen.

§. 4.

Wiewohl nun aus obigen leichtlich wahrzuneh­men ist/ welche Art der obenbedeuteten Menschen sich/ mit Warheits-Grunde/ der Christlichen Reli­gion und Orthodoxiæ rühmen/ und Profession davon machen könne/ so wird es doch frommen Christlichen Hertzen nicht mißfällig seyn/ wann sie ihres Zustan­des/ von der Erschaffung her/ etwas ausführlich er­innert werden; Nemlich: daß Gott diese sichtbare Welt/

Welt/ aus lauter Liebe zu den Menschen/ als der letzten und aller vollkommensten aller seiner Creaturen erschaffen/ und deßwegen in des Menschen Wesen sein Ebenbild (eine Gleichheit seines göttlichen Wesens/ nemlich die Vernunfft oder das vernünfftige Wesen) einpflantzen wollen; vermittelst welcher der Mensch eine allgemeine/ jedoch ietztgedachten seinem Wesen proportionirte oder gleichförmige Erkäntniß/ so wol seines Schöpffers/ als auch aller andern Creaturen hatte/ unter welchen das Wesen der unvernünfftigen Thiere/ dem Wesen des Menschen/ am aller nähesten und ähnlichsten war; sintemahl sie den Leib/ Leben/ Sinne/ und demnach alle irrdische Neigungen und fleischliche Begierden mit ihm gemein haben/ alles das jenige ohne Unterscheid zu begehren/ was solchen ihren irrdischen Sinnen angenehm vorkommt/ nicht weniger auch vor alles/ was ihnen widrig und schädlich anscheinet/ einen Abscheu zu haben/ und es von sich zu stossen; dergestalt/ daß kein mercklicher Unterscheid unter den unvernünfftigen Thieren und den Menschen ist/ als vorgedachtes Ebenbild der Gottheit/ oder die vernünfftige Seele/ durch welche der Mensch/ wie gesagt/ der Erkäntniß seines Schöpfers/ und aller anderer Creaturen einig und allein fähig geworden. Daß auch Gott dem Menschen den vollkommenen Gebrauch und Genoß der erstgemeldten Creaturen/ so wohl zu seines Leibes Unterhaltung/ als auch zu Vergnügung seines Gemüths/ gäntzlich überlassen/ und zwar zu dem Ende/ daß er diese seine

grosse

grosse Wohlthat/ durch eine sehr genaue Beobachtung aller seiner Gebote/ und derselben vollkommenen Gehorsam erkennen solte/ welcher fürnemlich darinn bestund/ daß er seinen gantzen Willen dem Wohlgefallen Gottes lediglich unterwerffen/ und mit äussersten Vermögen darnach streben solte/ wie daß er sich aller irrdischen Gemächlichkeiten und Ergetzungen/ derer der menschliche Leib/ als Leib/ vonnöthen hat/ mit einer rechtschaffenen Mäßigkeit und Bescheidenheit gebrauchen/ und sich also von allen übermäßigen Begierden und Lüsten gäntzlich befreyen möchte/ zumahlen da ihn diese Mäßigkeit und Bescheidenheit/ von der Natur und Eigenschafft der unvernünfftigen Thiere/ einig und allein unterscheidet/ als welche ihren fleischlichen Lüsten und Begierden/ ohne Bedacht/ nachhängen/ und sich darinnen nach ihren Gefallen so lange ergetzen/ biß sie gnug haben/ oder gar nicht mehr können. Denn der Mensch solte sein gröstes und eintziges Vergnügen in Gott suchen/ als dessen Ebenbild er an/ und in sich hatte/ dergestalt/ daß das Verlangen und die Begierden zuvor gedachter fleischlicher Wollüste/ als schnöde und ihn allzugeringe und verächtliche Kleinigkeiten (comme au dessons de luy) nimmermehr die Oberhand nehmen/ sondern daß der schuldige Gehorsam gegen seinen Schöpffer/ in seinen Gedancken so wohl/ als thun und lassen/ beständig herrschen solte. Mit einem Worte: Gott wolte sich selbst in dem Menschen sehen/ und sich in solchen seinem Ebenbilde ergetzen/ wie sich/ sonder Vergleich-

E 3

ung/

ung / ein Vater ergetzet / wann er sein Gleichnis an seinem Kinde siehet.

§. 5.

Daß dieser Wohlstand des Menschen und die Vergnügung / so der Schöpffer daran hatte / nicht länger währete / als des Menschen Gehorsam; Und daß desselben undanckbarer Ungehorsam (indem er den eitlen Lüsten und Begierden des Fleisches / wider den Schöpffer / ja demselben gleichsam zum Spiete / sich gäntzlich ergab) ihn desselben Wohlstandes auch gäntzlich beraubte / wodurch er endlich / zu seiner immerwährenden Schande und höchsten Verwirrung den feuerbrennenden Zorn der Gerechtigkeit Gottes und die Verdamnüs zum zeitlichen und ewigen Tode auf sich geladen hat,

§. 6.

Daß es ungeachtet dieses grossen Sündenfalls und der drauf gefolgten zeitlichen und ewigen Verdamnüs / dennoch der göttlichen Barmhertzigkeit gefallen / dem Menschen und seinen Nachkommen Gnade zu erweisen / und ihnen seinen Willen in dem durch Mosen / die Propheten / Christum Jesum und die Apostel offenbahrten und allein infalliblen Worte kund zu thun / nach der alsofort im Paradiese gethanen Verheissung / daß seine Seele / durch die kräfftige Würckung des Verdienstes seines Sohnes JEsu Christi / als des einigen Mittlers zwischen seiner Gerechtigkeit und Barmhertzigkeit / vermittelst der Beschneidung / und hernach der Tauffe / als den versiegelenden

lenden Zeichen seines erneuerten Gnaden-Bundes/ wann er sich in wahren ungefärbten Glauben biß an sein Ende an Christi Verdienst hielte/könte wiederge‐ bohren/ und also dermaleins des Ebenbildes Gottes wieder theilhafftig/ und geschickt werdē/ seine Unarth zu erkennen; nemlich/ daß er in der angeerbten und würcklichen Sünden gebohren worden und auffge‐ wachsen wäre; Ingleichen/ daß er nöthig habe/seinen Schöpfer anzuruffen und zu bitten/ ihn/ umb obge‐ meldten seines Sohnes JEsu Christi willen/ gnädig zu seyn/ und zwar allezeit unter der Bedingung einer danckbarlichen Erkentlichkeit/welche in dem Glauben an sein obgemeldtes Wort/ wie es in dessen kürtzesten Auszuge/ dem Apostolischen Glauben (in Symbolo Apostolico) enthalten ist / und in einer aufrichtigen Gelassenheit und Gehorsam seines Willens bestehet; nemlich/ in einem festgefasten Fürsatz/ in allen seinen thun und lassen das in ihm wieder erneuerte göttliche Ebenbild herfür leuchten zu lassen; GOTT seinen Schöpfer von gantzen Hertzen und von gantzer See‐ len zu ehren; seinen Nechsten als sich selbst zu lieben; und also seine vollkommene Seligkeit zu erlangen; Hiernechst seine Augen so wohl als sein Hertz von den obgemeldten/ihme/zum Genoß überlassenen unschätz‐ baren/ vielen Geschöpffen/ hinauf gen Himmel zu er‐ heben/uñ daselbst vermittelst einer eyferigen Betrach‐ tung der übergroßē Majestät/Herrligkeit/Allmacht/ und auch derer unbegreifflichen Eigenschafften Got‐ tes/ sein höchstes Vergnügen und Lust zu suchen/ und sich dergestalt der Gnade uñ Barmhertzigkeit Gottes
einiger

einiger maßen würdig zu machen/ als worduch er erkennen kan/ daß er aus dem verdammlichen Sündenstamm heraus gerissen worden/ welcher ihn vor Gottes Angesicht viel schlimmer und verächtlicher gemacht hatte/ als die unvernünfftigen Thiere selbst seyn konten. Weil nun Gott/wie schon gedacht/alles was wir sehen/ und mit Gedancken begreiffen könen/ aus blosser Liebe gegen den Menschen geschaffen hat/ auch daß er/durch so viel unzehlbare Wunderwercke/ die er in aller Creaturen Wesen spüret (welches Wesen doch viel geringer als das seinige) die übergrosse Herrligkeit und Macht seines Schöpffers auf gewisse Maaß begreiffen und erkennen könne/ so hat der erstgemeldte huldreiche Schöpffer ihm auch diese sonderbahre Gnade erzeigen wollen/ daß er vermittelst vorgemeldter Betrachtung/ wie auch durch Ubung der Christlichen Liebe gegen seinen Nächsten/ sich je mehr und mehr wieder zum vorigen Stande seiner Vollkommenheit nähern könte/ welche er nicht eher erlangt/ als am Ende seines Lebens/ und wann seine Seele aus diesem sterblichen Leibe in den Himmel aufgenommen/ und der Gemeinschafft der Engel und anderer selig verstorbenē Menschen einverleibet wird. Und dieses seynd also die eigentliche und würckliche Beschäfftigungen der wiedergebohrnen Seelen/ so lange sie in diesem irrdischen Leibe eingeschlossen/ und von allen fleischlichen Neigungen und Lüsten nach den Temperamenten (Beschaffenheiten des Fleisches und Bluts) gereitzet und angetrieben wird.

§. 7.

§. 7.

Wie nun diese Lüste und Neigungen gantz irrdisch / fleischlich und viehisch seind; Also verleiten sie den Menschen / der sich denselben ergiebt und unterwürffig macht / nur dasjenige zuverlangē / was diesen zeitlichen und eiteln Ergetzlichkeiten lieb und angenehm anscheinet; Er meidet und fliehet hergegen alles / was denselben wiedrig fürkommt und unangenehm ist. Und dieses so wohl in Ansehung der zeitlichen Nahrung als anderer Nothwendigkeiten / Gemächlichkeiten und Ergetzlichkeiten des Leibes. Aus dieser viehischen Neigung / welche mit den unvernünftigen Thieren alle Mäßigkeit hindan setzt uñ vernichtet / und niemahls zufrieden seyn oder gnug haben will / rühret es her / daß der gottlose und verkehrte Mensch / ohne einig Absehen auf seines Schöpffers Ebenbild und Eigenschafften / als die Gerechtigkeit / Warheit / Aufrichtigkeit / u. s. w. nur für sich und sein viehisch Wohl-seyn / allein sorget / selten aber / und endlich nur zum Scheine / damit er nicht gar für einen Un-Christen gehalten werde / seines Nechsten Angelegenheiten zu Hertzen nimmt; zum wenigsten hält er keinen vor seinen Nechsten / es wäre dann / daß er sein Complice, (mitmachender) gleich gesinneter / Verwandter / und dergleichen Freund sey: Alle übrige Menschenkinder achtet er gleich den unvernünfftigen Thieren / welchen er nicht allein die Wolle / sondern auch die Haut selbst abzuziehen sich nicht scheuet / wann er nur Gelegenheit darzu / und sein Interesse darbey

darbey finden kan/ wie ihm solches die Eigenschafften des Satans/ die Ungerechtigkeit/ Lügen/ Betrug/ Arglist/ u. s. w. an die Hand geben/ und dieses ohne Unterschied der Person/ Hoher und Niedriger/ auch des Orts/ auf der Cantzel oder der Gerichtsstelle; es ist ihm alles gleich! Diese werden billich vieh- und irrdisch-gesinnete genannt/ (attachés à la chair, & au mensonge.)

§. 8.

Hergegen kan man den unendlichen Reichthum der Gütigkeit Gottes/ gegen den Menschen/ am allermeisten daraus wahrnehmen/ daß sie der wiedergebohrnen Seelen beystehet/ und dergleichen Furies des passions brutales (grausamen Trieb zu den viehischen Neigungen) dämpffet/ unter den Gehorsam des Glaubens bringet/ und in den Schrancken der Gottesfurcht erhält/ daß sie einig und allein ihrem Schöpffer zugefallen leben will. Hierbey muß man wohl in acht nehmen/ daß eine wiedergebohrne Seele eben so untüchtig ist/ in einen solchen Menschen/ der sich den fleischlichen Begierden/ ohne ein- oder Rückhalt/ ergiebt/ zu wohnen/ als in einem andern/ der gäntzlich darvon befreyet zu seyn sich rühmen möchte; Sie hat ihre Wohnung nur in den jenigen/ die ihr den Zügel in Händen/ und sich allezeit auf dem engen Wege der göttlichen und menschlichen Gesetze führen lassen/ welches das heilige Siegel seines Ebenbildes in ihr bestätiget. Wann dieses geschehen/ so bedienet sich der wiedergebohrne Mensch/ in welchem Stande er

auch

auch leben mag / mit freudigen Hertzen / aller der jenigen Ergetzlichkeiten des Fleisches / die er von Gottes Gnaden-Hand empfangen hat / mit aller möglicher Erkentlichkeit und Danckbarkeit / so lange es seiner göttlichen Allmacht gefället ihm diese Freude zu gönnen; Diese Gnaden-Gaben sucht er auch / durch rechtmäßige / und in den Geboten Gottes / auch vernünfftiger Menschen Gesetzen gegründete Wege zu vermehren / und darbey die Christliche Liebe / und absonderlich die von Christo selbst gegebene Regel beständig zu beobachten: Man muß sich gegen seinen Nechsten (warhafftig und in der That / nicht nur zum Schein) also erweisen / wie man will / daß er mit uns handele und umbgehe; Darbey bemühet er sich allezeit vergnügt / mit der ihm von Gott zugewendeten Portion, in seinem Stande zuleben / auch allezeit gefast zuseyn / solches mit eben derselben Freudigkeit zu verlassen / wann er es durch obgedachte Mittel nicht zuerhalten vermag / und ergiebt sich in der Stille und ohne widersprechen in solchen Verlust und Mangel / wenn er es auch nimmermehr wieder erlangen solte / mit eben der Erkäntlichkeit / und Dancksagung / mit welcher er es empfangen / und biß dahin genossen hat; Weil er gewiß und über gewiß versichert ist / daß er an deme / was ihm nöthig ist nimmermehr Mangel leiden könne / wann er nur auf dem Wege seines Schöpffers in ungefärbter Warheit / Liebe / Fried- und Gerechtigkeit / u. s. w. und also nach seinen W len beständig einher gehet / welcher schon zur recht

D 2   3

Zeit die Spötter/ Heuchler und falsche Christen zuschanden machen wird/ welche ihn für einen einfältigen Idioten und armen Stümpfer/für einen Qui-oder Pietisten halten/ der sich über alles ein Gewissen macht/ und nicht weiß/ wie er sich recht in die Possen schicken/und durch allerhand zugelassene und unzugelassene Mittel/bey seiner gehabten zeitlichen Bequemlichkeit schätzen/ auch dieselbe beybehalten und vermehren solle; Dahingegen aber gantz lächerlicher weise mit der eingebildeten ewigen Herrligkeit/ die er doch nur erst nach diesem Leben im Himmel suchen und geniessen kan/ sich quälen wolle.

§. 9.

Welche sich nun an die Fundamental Articul des Apostolischen Glaubens fest halten/ und in solcher Gelassenheit sich Gottes Willē unterwerffen/ daß sie durchaus in dieser Probe bestehen/ die formiren das Corpus mysticum der militirenden Kirche Gottes/ und können mit Warheits-Grunde Christ-und geistlich-gesinnete (addonnés à l' esprit, & à la verité) oder aber veri, cordati, & sinceri Orthodoxo-Christiani genennet werden/ und der infalliblen Orthodoxiæ sich getrösten/ und unverzagt mit frölichen Munde und Hertzen sagen: Firmo stamus talo contra inferorum portas, quia non tantum credimus, sed etiam, cooperante Spiritu S., perficere studemus id, quod DEUS dixit. (Wir stehen auf unbewegten festen Fuße/ auch wider der Höllen Pforten/ weil wir nicht allein glauben/ sondern uns auch/ durch Mitwürckung des H.

Geistes/

Geistes/ zu thun befleißigen/ was Gott gesagt/ und befohlen hat.) Die vorgemeldten vieh- und irrdisch-gesinnten sagen zwar eben daßelbe/ aber nur mit dem Munde alleine/ dann ihr Hertz ist voll Heulen und Zähnklappen/ wegen der albereit fühlenden Pein und Qual/ die sie von der Gnade ihres Verführers/ dessen Eigenschafften ihnen so angenehm sind/ zugewarten haben.

§. 10.

So gewiß ich mich nun/ des letzten wegen/ eines allgemeinen Beyfalls/ bey allen den jenigen/ so sich zu Christi Nahmen bekennen/ versichern kan/ daß nemlich die vieh- und irrdisch gesinnete kein Theil an der ewigen Seligkeit haben/ sie mögen sich auch bey ihrem Glauben oder Thun anstellen/ wie sie wollen; Eben so gewiß werden mir auch die meisten/ wegen des ersten/ ins Gesicht widersprechen/ wenn sie sehen/ daß ich die obbeschriebene Christ- und geistlich- gesinnete deßwegen veros, cordatos, sinceros & Orthodoxo-Christianos nennen darff/ weil sie sich/ in Christlicher Einfalt/ an das infallible Wort Gottes und dessen in dem Apostolischen Glauben enthaltene fundamental- Articul halten/ und darbey in rechtschaffener Gottes-gelassenheit einherzugehen beflissen seind! Sintemahl es die wenigsten für zureichend zur Seligkeit/ die meissten aber/ über dieses/ für nöthig achten/ daß einige/ von gewissen vermeinten welt- geistlich-gelehrten/ noch darzu gesetzte Auslegungen/ wie man das offenbahrte Wort und desselben Haupt- articul verstehen

verstehen solle / eben so infallibel als dasselbe Wort
seyen / und dannenhero diesen ietzterwehnten Haupt-
articuln gleich / und eben so fest von allen Christen geglaubet werden müssen/ wenn sie wollen selig werden.
Dann diese Gelehrte können ihrem Anhang und de-
nen/ die ihnen Gehör geben/ weiß machen/ daß/ durch
Gottes sonderbahre Verordnung / erstgemeldte ihre
Auslegungen in rechte unfehlbahre Articulos Fundamentales transsubstantiiret seyn / und daß nur die jenigen / die ihnen vollkommenen Beyfall geben / veram
Ecclesiam & Communionem sanctorum, extra quam
nulla est Salus, constituiren (die wahrhaffte Kirche
und Gemeinschafft der Heiligen/ ausser welcher keine
Seligkeit zu hoffen ist/ darstellen).

§. II.

Diese Verführung ist bald anfangs und noch
bey der Apostel Zeiten entstanden / und hat sich mit
Fortgange der Zeit durch die verschiedene Einfälle
dieses oder jenes vermeinten Philosophi (Weltge-
lehrten) fast in infinitum vermehret. Deßwegen
hat auch Paulus seine Corinther in der 1. Epistel cap.
XI. v. 19. allschon gewarnet/ wann er schreibt: Es
müssen Rotten unter euch seyn/ aufdaß die/ so rechtschaffen sind / offenbahr unter euch werden. Diese
Worte verstehe ich mit andern Christlich=gesinneten
also: Es müssen (wegen der verkehrten boßhafften
Natur der Menschen/ welchen das Wort geprediget
wird) Rotten (in unterschiedlichen Deutungen oder
Auslegungen des euch gepredigten Worts / verwickelte

ckelte Brüder) unter euch seyn/ auf daß die/ so rechtschaffen (nicht allein in den Christlichen Grund-lehren des Apostolischen Glaubens/ sondern auch in der Liebe/ Friedfertigkeit/ Gedult/ u. s. w. rechtschaffen und bewährt erfunden) seind unter euch (als rechtschaffen und bewährte) offenbahr werden. Noch deutlicher: Der Hocherleuchtete Apostel wolte die rechtschaffenen Corinther so wohl/ als alle andere bewährte Christen vermahnen/ daß sie sich ja nicht daran ärgern solten/ daß Rotten/ oder unterschiedenen Meinungen zugethane Brüder/ unter ihnen sich eußerten; Weil sich irrdisch-gesinnte/ von der Weltweißheit bethörte und ehrsüchtige Klüglinge mit einschlichen/ welche das von ihm und den übrigen Aposteln gepredigte Wort nach ihrer eigenen Einbildung auszudeuten sich unterstunden/ auch andere durch zu- und unzuläßige Mittel und Wege zum Beyfall zu bringen suchten; Sie hätten sich daran gar nichts zu kehren/ oder die also Verführten deßwegen zu fliehen/ zu hassen/ zu neiden/ oder zu verfolgen; ob sie auch schon von ihnen gehasset/ geneidet und verfolget würden; sondern sie solten vielmehr in aller Sanfftmuth zeigen/ daß sie in dem wahren Apostolischen Glauben/ Liebe/ Friede/ Warheit/ u. s. w. rechtschaffen und bewährt seyen und bleiben.

§. 12.

Dem sey nun wie ihm wolle/ (weil ich niemande Ziel oder Maaß geben will) so bleibt es doch unstreitig wahr/ daß Gott verhängt/ daß Rotten (unterschiedene

schiedene Christliche Glaubens-Bekäntnisse) seyen/ und daß dieselbe von den unterschiedenen Neigungen derjenigen herrühren/ welche sich entweder aus Vermessenheit/ oder aus Einfalt einbilden/ sie verstünden Gottes Meinung bey diesem oder jenem in Zweiffel gezogenem Puncte des offenbahrten Worts oder Glaubens-Articuls, wie vorgemeldet/ so wohl und gründlich/ daß ihre darüber bedachte Auslegungen mit demselben Worte in einer Parallel stehen/ und eben so infallibel seyn müsten.

§. 13.

Alle diese von so viel hundert Jahren her entsprossene fast unzehlbahre Rotten können füglich in zwey Classen getheilet werden. Auff die erste Banck gehören diejenige/ welche ihre Deutungen unter allerhand listigen Scheine also formiren/ daß sie den offenbahrten Worte und des Apostolischen Glaubens Grund-Articuln contradictoriè entgegen stehen/ und ohne Folgereyen darfür erkant werden/ und die werden Hæretici, Ketzer/ e. g. Ariani, Novatiani, u. s. w. genennet. Von denen/ die auff der andern Banck sitzen/ gehen zwar ihrer etliche sehr weit/ mit ihren Deuteleyen und Neben-Satzungen/ daß sie auch offentliche Greuel/ biß zur Abgötterey/ mit einmischen; Sie vermeiden aber dennoch die erstgemeldte offentliche Contradiction, dannenhero sie nicht/ wie die vorigen/ Hæretici (Ketzer) sondern Schismatici (Absonderlinge) genennet werden.

§. 14.

§. 14.

Beyde Bäncke aber stimmen darinnen überein/ daß sie ingesambt dahin trachten/ wie sie ihrem Anhange (ich wiederhole es nochmals) die Infallibilität ihrer Deutungen beybringen/ und sie bereden mögen/ daß solche ihre Deutung dem Worte GOttes gleichförmig/ und also die einige und warhafftige Orthodoxia, der einige Weg zur Seligkeit/ die allein seligmachende Religion sey; und daß alle/ die denselben widersprechen dürffen/ falsche Propheten/ Ketzer/ Verdüsterte/ erstgebohrne Söhne des Teuffels seyn.

§. 15.

Wobey ich es bewenden lasse/ weil mein Fürhabē nicht ist/ aller Rotten Geheimnisse zu untersuchen/ wohl aber in nachfolgenden zu versuchen/ ob ich dem Christlichen Leser in aller Einfalt zeigen könne/ was es für eine Beschaffenheit mit denjenigen habe/ welche ietzt/ wie bald anfangs gemeldet/ des Königs in Franckreich fatales/ und zur eusersten Ruin des Römischen Reichs/ gerichtetes Fürhaben kräfftig secundiren dürfften/ wann Gott durch seine/ noch kräfftigere Hand/ dem Ubel nicht in Zeiten steuret/ wie ich von Hertzen wünsche. Hierzu zu gelangen/ will ich des Lesers Gütigkeit ersuchen/ nicht ungedultig zu werden/ wenn ich ihm in nachfolgenden Capitel die vielleicht schon bekante Lehr= und Lebens=Art der ersten Christlichen Kirchen (primitivæ Ecclesiæ) zu Gemüth führe/ und den Ursprung dieser Rotten/ von so weit herhohle.

E Das

Das II. Capitel.

Von dem Ursprung und Fortgang der Neben-Infallibilitäten / durch welche das Römische Reich beunruhiget wird.

Inphalt.

§. 1. Furstellung des herrlichen und seligen Zustandes der ersten Kirchen unter der Heydnischen Verfolgung. §. 2. Desselben mercklliche Veränderung und Verschlimmerung/ nach erlangter Freyheit/ durch der Bischöffe und Lehrer Geld-Ehr-und Regiersucht. §. 3. Worinn das zeitliche Wohl-seyn der Christlich-gesinten eines theils / andern theils aber der irrdisch-gesinnten verstockten Menschen bestehe. §. 4. Hieraus nehmen die erstgemeldte unglückselige Lehrer Anlaß / ihre Neben-Infallibilität zu stifften. §. 5. Und setzen sich/ verblümter Weise/ auf den Stuel Petri, als Christi Stadthalter/ und erlangen viel zeitliche Güter/ auch Herrschafften über Land und Leute. §. 6. Gott erweckt und erleuchtet hier und dort behertzte Lehrer/ welche theils unter/ theils ohne obrigkeitlichen Schutze/

die Clericats-Geheimnüß entdeckten. §. 7. Alle diese waren im Fürsatz einig/ wegen der Umbstände aber so wohl in der Lehre/ als sonsten/ in etwas different. §. 8. Nach Lutheri Absterben wird von denen/die unter dem Obrigkeitlichen Schutze lehreten/eine gewisse Parthey/ und von derselben/ das weitberühmte Concordien-Buch abgefaßet/ und unter einiger Chur- und Fürsten hohen. obrigkeitlichen Autorität publiciret. §. 9. Dieses Buch ist der Grund der rein-Lutherischen/ wie ebenfals das Concilium Tridentinum der Römisch-Catholischen Infallibilität. §. 10. Die Herren Collectores dieses Buchs seind von der Augspurgischen Confession abgewichen/ und haben sich hernach von den Reformirten abgesondert/ und sich Lutherisch genennet. §. 11. Die Augspurgische Confession wird gegen die Formulam Concordiæ gehalten/ und obiges erwiesen. §. 12. Der Reformirten Kirchen Glaubens-Bekäntnüs bleibt bey der alleinigen Infallibilität des göttlichen Worts/ und acceptirt, mit freudigen Hertzē/die brüderliche Verträglichkeit. §. 13. Diese

Diese Kirchen halten all eben wohl ihre Glaubens-Bekäntnüs für infallible/ gönnen aber nichts desto weniger denen/ von ihnen in etwas dissentirenden Kirchen/ von Hertzen gerne/daß sie dergleichen auch thun! Indessen überlassen sie dem Allerhöchsten und alleinigen Richter die Entscheidung und den Außspruch.

§. I.

Es ist jedermänniglich bekant/ daß die Christen in der ersten Kirchen mehr als 300. Jahr unter den Heiden gleichsam hin und wieder versteckt/ und in beständigen Drangsaalen/hefftigen Verfolgungen und grausamen Tyranneyen sich elendig und kümmerlich durchbringen musten/ und gleichwohl vermehrten sie sich täglich/indem alle ihre Bischöffe/Lehrer und Prediger einen desto inbrünstigern Eyfer dargegen bezeugten/ und zuförderst sich selbst/ hernach ihre/ ihnen anvertraute Gemeinen/in dem wahren Christenthum erbaueten; Sie führten ingesamt ein Ehr-wohl-und Hochwürdiges exemplarisches Leben/ und beflissen sich/ die Seelen ihrer Zuhörer/ in der Beständigkeit/ an den Christlichen Glauben/ und in dem Gehorsam der göttlichen/ in der heiligen Schrifft enthaltenen Warheit/ (darbey sie in aller Einfalt blieben) in ungefärbter Aufrichtigkeit / ohne Heucheley oder falschen Schein/ zuerhalten. In denen zwischen ihnen entstehenden differenten Meinungen/ wuste man von

keiner

keiner infalliblen / sondern sie blieben indifferent, und folgeten des Apostels Pauli Lehre / und begegneten einer dem andern mit Christlicher Liebe und Sanfftmuth / ohne Zanck / Streit / Haß oder Neid; Diejenigen / die einem oder andern der mehrgemeldten Glaubens-Articul contradictoriè zu widersprechen sich unterstunden / wurden aus der Gemeine ausgestossen; In summa: Ihre (der Lehrer) gröste Sorgfalt war / sich und ihre Gemeinen in Liebes-wercken zu üben / und einander dahin anzuweisen / daß sie sich / ohne einigen Vorbehalt / in Gottes Willen ergeben / und mit dem wenigen / das er ihnen / vermittelst ihres Fleisses / oder sonst / gönnete / wie sie selbst auch thaten / zufrieden seyn / und ihrem Nechsten das seinige gönnen möchten. Vermittelst dieser recht Christlichen Lehr-Glaubens- und Lebens-Art gewannen sie eine Seele nach der andern / und vermehrten also die Zahl der rechtschaffenen Christen / biß es endlich so weit kam / daß auch die Heidnische höchste Landes-Obrigkeit / durch Gottes kräfftige Mittwürckung / und Erleuchtung / bekehret / und zum Christenthum gebracht wurde.

§. 2.

Ob es nun wohl das Ansehen gewann / als müste / bey dieser grossen Veränderung / die Ehre Gottes / in beständiger Folge / biß zum höchsten Grad verherrlichet werden / so erschien doch allhier gerade das Widerspiel. Dann so bald der Gottsfürchtige Constantinus M. ein Christe wurd / und die Heidnische Verfolgung sich legte / auch die obgemeldte Bischöffe / Prediger

diger und Lehrer so wohl/ als ihre Gemeinen/ Schutz
und dannenhero Ruhe/ und zeitliches Wohlseyn beständig geniessen konten/ so bald legte und verminderte
sich auch das geistliche Verlangen nach dem Ewigen.
Hergegen erhuben sich die irrdische allzu ungezähmte
übermäßige Begierden/ nach der zeitlichen Glückseligkeit; Die meisten unter denen hiebevor bedruckten
Christen/ absonderlich aber die Bischöffe/ Lehrer und
Prediger sahen sich/ bald bey erlangter Freiheit/ nach
den Fleisch-Töpffen Egypti/ nach der Pharisäer steiffen Backen umb/ und sehneten sich nach dem Hohen-
priesterlichen Throne; So bald sie denselben erblick-
ten/ ersonn die fleischlich-gesinnete Arglistigkeit die
Mittel/ den Zweck des irrdischen Wohlseins qvovis
modo (auf allerhand Art und Weise) zuerlangen/ denen aus der eusersten Armuth und Verachtung durch
die Christliche Obrigkeit heraus gerissenen/ wolte
der ihnen (nach dem Befehl Christi: Vos autem non
sic, ihr aber sollt nicht herrschen) gebührende Mittel-
stand nicht mehr schmecken; Es war der Ehre Christi/
dessen Stelle sie vertraten/ und ihrem heiligen Ministerio viel zu geringe; Gott/ und dessen unstreitiger
Stadthalter/ die hohe Landes-Obrigkeit/ hatten
nicht/ nach ihren meriten/ für sie gesorget; Der ihnen
verordnete zulängliche Ehrenstand und Unterhalt/
damit sie/ ohne Sorge der Nahrung/ und Furcht für
Verachtung/ ihrer Gemeinen Seelsorge beobachten
konten/ war noch lange nicht zureichend; Je mehr
ein Geld-und Ehr-geitziger hat/ je mehr will er haben
und

und beherrschen; Sie musten also Gott und der Obrigkeit die Hand bieten/und sich selber helffen/daß ihr hiesiger Zustand verbessert wurde; Zu der verbesser-und Erhöhung gehörten Geldmittel und zeitliche Güter; Die/ von der sündlichen Natur/ angebohrne böse Neigungen zeigten ihnen bald den Weg darzu zugelangen. Man muß den Leuten etwas weiß/ oder vergebene Hoffnung machen/ wann man sie zu etwas bereden/und von ihnen haben will; Dieses geschach desto leichter/ weil aller vernünfftiger Menschen Haupt-Absehen ist/ daß sie hier in dieser Zeitlichkeit/ und dort in der Ewigkeit/ wohl seyn mögen.

§. 3.

Das zeitliche Wohl-seyn haben die Christ- und geistlich-gesinnete mit den vieh- und irrdisch-gesinneten allerdings gemein; Sie gebrauchen sich der Gnaden-Gaben des mildreichen Schöpffers zu ihrer Freude und Ergetzlichkeit/ in allen und jeden Sorten oder Stücken/ nichts ausgenommen/ einer so wohl/ aber nicht wie der ander; Der Unterschied bestehet gar nicht darinnen/ daß die ersten/ an einem oder dem andern/ Mangel haben müsten/ sondern allein in der Art und Weise des Gebrauchs. Die ersten geniessen es/ wie zu Gottes Ebenbilde erschaffene vernünfftige Menschen/ mit Erkäntlichkeit und Dancksagung/ zu ihrer Seelen Seligkeit; Die letztern aber wie das unvernünfftige Vieh/ wie die Säue die Eckern/ zu ihrer Seelen Verdamnüs. Die ersten erlangen und

besitzen

besitzen es/ durch rechtmäßige Gott wohlgefällige Wege/ so lange es ihm gefället/ es ihnen zu gönnen und zulassen/und verlassen es/in Entstehung der rechtmäßigen Erhaltungs-mittel/ mit einerley Zufriedenheit und Gelassenheit in Gottes Willen; Die letzten suchen/ und nehmen es/ wo und wie sie es finden; mit Recht und Unrecht/ wenn sie es nur haben; sie erhalten es auch/ durch eben solche Mittel/ damit sie es erworben haben/so lange sie können/und gerathen/ bey dem gäntzlichen Verluste/gar in Verzweiffelung. Es bestehet also das zeitliche Wohlseyn eines Christlich- gesinneten wiedergebohrnen Menschen/ in einer aufrichtigen Gelassenheit in GOttes Willen; arm/ reich/ lustig/ traurig/ geehrt und veracht/u. s. w. ist ihnen alles gleich/ wenn sie versichert seyn/daß es also Gottes Wille ist. Dieses stehet aber denen irrdischgesinnten/ und der Welt ergebenen Menschen gar nicht an; sie wollen allzeit reich/ allzeit lustig/ allzeit geehrt seyn; Armuth/Traurigkeit und Verachtung schmecken ihnen gar nicht; Weil sie aber in ihrem Gewissen überzeugt seyn/daß sie ohne dergleichen ihnen anscheinenden Inconvenientien oder Versuchungen/ zu dem ewigen Wohlseyn/ nicht gelangen können/ so suchen sie andere Mittel und Wege/ die nicht so incommode fallen.

§. 4.

Diese Schwachheit ward/ von einigen verführischen Geld-und Ehrgeitzigen Lehrern/nützlich wahrgenommen; Sie waren fertig ihre Dienste anzubieten/

ten/ und ihnen zu versprechen/ gegen gute Zahlung/ sie darvon zu befreyen. Diese wolten dem blossen Versprechen nicht trauen/ sondern Versicherung haben; Selten ist einer so thumm und albern/ daß er ein gewisses/ gegen ein ungewisses hingiebt! Eine Hand muß die andere waschen. Diese Versicherung ward/in dem offenbahrten infalliblen Worte Gottes/ vergebens gesuchet; Gleichwohl muste sie/ zum wenigsten/ dem Scheine nach/ daraus genommen werden/ und dar seyn; Ja sie muste infallibel seyn...

§. 5.

Wiewohl nun dieses etwas hart hielt/ so unterstunden sich doch endlich diese gottlose Leute (die gierige Clerisey) unter allerhand Scheinbarkeiten/ absonderlich des zu Rom erdichteten Stuels Petri und der Stadthalterschafft Christi/ gewisse und zu ihrem Zweck dienende Auslegungen und Satzungen (Traditiones) dem offenbahrten Worte Gottes anzudichten/ und den Leuten/ vermittelst allerhand aus dem Jüden-und Heidenthum geborgten/prächtigen/ und die Augen und Ohren füllenden äusserlichen Anstalten und Ceremonien/ eben so infallibel als die göttliche Præcepta und Exempla einzuschwätzen/ und endlich den weiter sehenden/ mit List und Gewalt aufzudringen. Wer ein groß Verlangen hat/ glaubet leichtlich/ und ist leichtlich zu bereden; Wer arglistig ist/ und einen leichtgläubigen vor sich hat/ findet bald die Mittel und Wege seinen Zweck zu erreichen. Diese alle zu erzehlen ist nicht dieses Orts; Es ist gnug/
F daß

Religion/ so wol in Geist= als Weltlichen/ über Land und Leute / abſolutè herrſcheten / und daß hohe und niedrige ihrer Gnade leben muſten/ weil ſie/ wie vorgemeldt/ Chriſti Stadthalter wären/ und auf Petri Stuel ſäſſen.

§. 6.

Nachdem nun des Allerhöchſten Langmuth dieſen Verführungen und Clericats-ſtreichen/ und mit denſelben eingeführten unzehlichen infalliblen Menſchen-ſatzungen und Greueln/ eine lange Zeit nachgeſehen/ und gleichwohl das Häuffgen ſeiner Gläubigen/ und Chriſt= und Geiſtlich=geſinneten/ mitten unter denſelben/ wie unter Stroh/ und Stoppeln/ erhalten hatte/ ſo hat ſeiner Weißheit und Allmacht/ zu der von ihm beſtimmten Zeit/ gefallen/ eine groſſe Anzahl der drunter ſeuftzenden wieder heraus zu reiſſen/ und ihnen ſein reines Wort/ und das helle Licht des Evangelii zu zeigen. Zu dieſem groſſen Werck erweckte er behertzte tapffere Männer/ welche gleichwohl/ wie alle andere/ allerhand Schwachheiten/ doch einer mehr als der ander/ unterworffen waren; Dieſe griffen das heilſame Reformations-Werck nicht an einen Ort/ nicht in einem/ ſondern in vielen/ und weit von einander entlegenen Landen/ jedoch faſt zu einer Zeit an. In Sachſen und den benachbarten Orten war Lutherus, aber nicht alleine; Melanchthon, Cruciger, u. a. m. waren ſeine treue Gehülffen; In der Schweitz war Zvvinglius, Oecolampadius, u. a. m. In den/ unſerer Mutter-ſprache unkündigen Landen/

Landen / war Thomas Cramerus in Engelland; Calvinus, Beza in Franckreich. u. s. w.

§. 7.

Sie hatten auch / ungeachtet der unterschiedlichen Art und Mittel / die ihnen Gott zeigte / dieses grosse Werck auszuführen / nichts desto weniger alle einerley Fürsatz und Zweck; Ihre gesamte Intentiones giengen dahin / daß das reine / allein infallible offenbahrte Wort Gottes / von der ihm angedichteten Römisch-Catholischen neben-Infallibilität / und dahero rührenden Menschen-Satzungen / Irrthümern und Greueln / befreyet werden möchte. Gleichwie aber die / an unterschiedenen Orten / sich auffhaltende auch im Leben / Wandel und Condition pflegen unterschieden zu seyn; Also ist auch kein Wunder / daß diejenige Werckzeuge / derer sich Gott an diesem unterschiedenen Orten gebrauchet / auch unterschiedliche Umbstände / Mittel und Wege / zur Werckstelligmachung der fürhabenden Reformation, für sich gefunden haben. An etlichen Orten hatten sie alsofort der / von Gott erleuchteten / hohen Landes-Obrigkeit Beyfall / wordurch dann auch gantze grosse Gemeinen / die diese Warheit erblickten / nebst ihren Lehrern / für der erbitterten Römischen Clerisey wüten und toben / zureichenden Schutz funden; Hergegen wurden andere so wohl / als diejenige / welche die ihnen gepredigte Evangelische Warheit annahmen / an andern Orten / von der Römischen Clerisey nicht weniger / als derselben zugethanen Obrigkeit / sehr hart verfolget und gedrucket.

gedrucket. Beyde Theile aber blieben bey einerley Intention, und nenneten sich Reformirte oder Protestirende/ weil sie allerseits das Evangelium von den angeschmierten vermeinten infalliblen Satzungen/ so wohl der Lehre- als Ceremonien reinigten oder reformirten/und der himmlischen durch menschliche Zusätze deformirten Warheit/ aus Gottes Worte/ ihre erste Gestalt wieder zugeben trachteten/ auch wieder die gewaltthätige Auffdringungen Päbstlicher Irrthümer/ und insonderheit das Wormische Decret zu Speyer Anno 1529. protestiret hatten; Sie waren nur darinn different, daß die eine Partey in statu libero, die andere in statu oppresso ihr Lehr-Amt verrichten konten und musten. Von den vielfältigen mit unterlauffenden Schwachheiten/ will ich nichts mehr sagen/ als das Gott sein Werck/ durch gebrechliche Menschen oder Lehrer/ nicht aber durch neue immediatè erleuchtete und bestätigte Apostel aus führen wolte; Und wäre es vielleicht besser/ daß ihre Schwachheiten ein wenig mehr verborgen geblieben wären/ damit einige/ absonderlich die übergetretene (als neulicher Zeit der berichtete D. From) sich nicht so sehr damit kützeln/ und auch die unschuldigsten/ mit abscheulichen groben/ wiewohl nur scheinbahren Lügen/ verunglimpffen könten.

§. 8.

Unter diesen Schwachheiten war es keine der geringsten/ daß die in statu libero sich befindende den sel. Lutherum, stracks nach seinem Tode/ allen übrigen fürzu-

fürzuziehen/ und ihn/ so viel an ihnen/ infallibel/ und also gar zum dreyzehenden Apostel zu machen/ und/ unter seiner eingebildeten Authorität/ oder Infallibilität/ denen Oppressis gewisse Articulos Fidei fundamentales (Glaubens-Gründe) fürzuschreiben/ und solche ihre eingebildete Gründe/ nach vielfältigen und weitläufftigen Conferiren/ Disputiren/ Intriguen, und hin und wieder gemachten Cabalen/ in das also genandte Concordien-Buch einzutragen/ sich unterstunden/ und dasselbe/ nachdem es unter etlicher Chur- und Fürsten hohen Authorität publiciret worden/ allen/ die sich Christen nennen/ am allermeisten aber den übrigen Protestirenden/ bey Verlust der Seligkeit/ zum Beyfall und Unterschrifft auffzudringen/ sich bemüht haben; Fürnemlich unter dem plausiblen Scheine/ daß der Römisch-Catholische Clerus die Einigkeit ihrer reinen Evangelischen Lehre daraus sehen solte; Worbey dieses zuerinnern ist/ daß die Herren Clerici, so bald sie wahrnahmen/ daß des heiligen Vaters Donnerkeil/ der Päbstliche Bann/ und alle andere gewaltthätige Anschläge/ die Protestirende nicht dämpffen konten/ hefftig zu rathe giengen/ und endlich beschlossen/ daß sie den prætendirten Reformanten keinen gefährlichern Fallstrick legen könten/ als wenn sie ihnen eines theils/ die über den rechten Verstand des reinen Worts GOttes/ und des Apostolischen Glaubens/ entstandene differente/ und von jeder Parthey oder Rotte/ wie sie Paulus nennet/ festgehaltene Meinungen/ und daher entstehende/
unan-

so herrlichen Nutzen gebrachten/ Erfahrung gnugsam. gelernet/ daß leichtlich einige irrdisch-gesinnte Ehr- und Geld-geitzige Gemüther aus ihrem Mittel dardurch gewonnen/ und daher Anlaß nehmen würden/ eine noch viel schädlichere Infallibilität zustifften.

§. 9.

Es ist ihnen auch/ wie das Concordien-Buch bezeuget/ also gelungen; denn dieses Buch ist nunmehr die Grundfeste der rein-Lutherischen/ wie das Concilium Tridentinum der Päbstlichen/ Infallibilität/ und bestehet (laut dem zu Dreßden Anno 1580. zu erst/ und hernach zu Franckfurth an der Oder und zu Heidelberg Anno 1581. in teutscher/ zu Leipzig aber Ao. 1584. in lateinischer Sprache gedruckten Exemplaren) in unterschiedlichen Stücken. Nach den drey Haupt-Symbolis machet die von Luthero, Melanchthone und andern aufgesetzte/ und Anno 1530. zu Augspurg dem Römischen Käyser übergebene Confession (wiewohl dieselbe in den erstgemeldten Exemplarien nicht gleichlautend/ sondern im Leipzigschen in etwas geändert ist) den Anfang/ darauf folget des erstgedachten Melanchthonis Apologie; Und wäre es der Christenheit sehr zuträglich gewesen/ wenn

wenn dieselbe den Schluß des gedachten Concordien-Buchs gemacht hätte/ immassen es durch das jenige/ was in folgender Zeit biß Anno 1576./ da es meistentheils ausgearbeitet/ und Anno 1580. da es gedruckt und publicirt worden/ nach uñ nach dazu komen/sehr vermehrt/ und wenig verbessert worden ist; Also daß auch D. Daniel Hoffman in Apologia p. 70. über diese Eintracht-Formul klagt/ daß sie nicht einerley/sondern duplex, ja multiplex ist auch das Dreßdenische Exemplar mit dem Original, welches gedachter Hoffman Anno 1577. selbst unterschrieben/ nicht überein komt. Ob auch schon der König in Dennemarck Fridericus II. das Concordien-Buch nicht annehmen wollen/ allermassen sich Chytræus in seinem Schreiben an den Dänischen Cantzler Nicolaum Kaar pag. 66. darüber beschweret/ sondern vielmehr dasselbe im Hause Anderscho verbrennen lassen; So soll doch alle Welt/ sie wolle oder wolle nicht/ glauben/ daß in dieser Concordia discordi die einige infallible fundamental-Articul und der alleinige Weg zur Seligkeit gefunden werdē.

§. 10.

Aber dieses liesse man noch so hingehen/ wann nur die Herren Collectores dieses Buchs von der obgemeldten zum Grunde des Religion-Friedens gesetzten Augspurgischen/ wahrhafftig Reformirten/ Confession in vielen Stücke/ sonderlich im X. Articul vom Heil. Abendmahl nicht sehr weit abgewichen wären/ und noch so viel dazu gesetzt hätten. Denn wenn sie bey den Worten der Heil. Schrifft/ und den in der

G

Aug-

Augspurgischen Confession befindlichen Reformirten Expressionen in Einfalt geblieben wären/ so hätte es/ meines wenigen Erachtens/ zwischen denen gesamten Protestirenden gar keinen Streit/ noch weniger einige Sonderung abgegeben; Weil aber dieselbe leider! entstanden/ so lasse ich andere mehr Erfahrne urtheilen/ ob nicht einige irrdisch-gesinnete /Regier- und Ehrsüchtige von denen/ unter dem hohen Obrigkeitlichen siegreichen Schutze stehenden Lehrern der damahligen gesamten von der Römisch-Catholischen Neben-Infallibilität Reformirten-Kirchen/ etwa ein Jacobus Andreæ und wer sonsten mehr; Bey Abfassung der Formulæ Concordiæ, da der sel. Lutherus schon lange todt war/ angefangen all eben auch auf seine Protestirende oder Reformirte dominante Religion zu gedencken / und ihre übrige nicht so weit sehende Mitbrüder zu überreden/ daß sie auf Lutheri Stuel säßen/ und also für denen in den andern Gegenden unter des Päbstlichen Cleri Verfolgung seuftzenden in Lehre und Ceremonien mit ihnen nicht allerdings einstimmigen Lehrern und Gemeinen/ als welche keine Reformirte /sondern nur Calvinisten oder Zwinglianer wären / einen sonderbahren Fürzug haben müsten. Dann ihr Hochmuth bethörte sie dermaßen/ daß sie nicht zweiffelten/ die miserable hin und wieder versteckte geringschätzige arme Leute würden sich nicht allein Calvinisten oder Zwinglianer nennen laßen/ sondern sich auch selbst/ weil sie es haben wolten/ so nennen müssen. Nachdem sie aber sahen/ daß diese nicht

nicht so arm an Christenthum/als an zeitlichen Ansehen und Mitteln waren/ und diesen Nahmen schlechterdings verwurffen/ resolvirten sie (wie insgemein
solchen Leuten alles gleich ist) zu Beybehaltung des
prætendirten Fürzugs dem in der Formula Concor-
,, diæ (Vid. das zu Dreßden Anno 1580. gedruckte
,, Exemplar item das zu Franckfurt an der Oder Ao
,, 1581. p. 254. wo diese Worte zu finden: Wie sie (die
,, Augspurgische Confession) Anno 1530. in Schriff-
,, ten verfasset/und den Keyser Carolo V. von etlichen
,, Christlichen Chur-Fürsten und Ständen des Rö-
,, mischen Reichs/ als ein allgemein Bekäntnüs der
,, Reformirten Kirchen/ zu Augspurg übergeben/
,, als dieser Zeit unserm Symbolo,(durch welches un-
,, sere Reformirte Kirchen von den Papisten und an-
,, dern verwandten Secten und Ketzereyen abgeson-
,, dert werden) annoch geehrten Nahmen/ der Reformirten Kirchen/ zu entsagen/und zu Benahmung ihrer discretiven Dominanten Religion/ ihre Kirchen
Lutherisch/ und sich Lutheraner zunennen. Ingleichen stelle ich ferner zubedencken/ ob es nicht seyn kön-
ne/ daß sie sich (eben auch/ wie in vorigen Zeiten/ die
Römische Clerisey) gelüsten/und durch die eigene Liebe und Gern-Gottheit verleiten lassen/ anfangs gemeldten ihre Geheimnüsse nicht verstehenden Mitge-
hülffen/ hernachmals ihren Zuhörern und andern/zu
Beybehaltung mehrern Respects/ absonderlich aber
des Ehr- und Geld-einträglichen Credits/ etwas
auffzuhängen/ und sie zu überreden/ daß sie/ vermit-
G 2   telst

telst ihres hohen Ampts und Würde/ zu ihrer Zuhörer Seelen Seligkeit auch etwas mit beytragen könten; Immassen sie kein Bedencken gehabt/ zu obigem Ende/ unter allerhand scheinbaren Prætexten/ sehr viel von denen bey den Römisch-Catholischen zu gleichem Zwecke eingeführten/ vom sel. Luthero zwar geduldeten/ aber doch mit der Zeit abzuschaffenden prächtigen Ceremonien, auch die zum Nachtheil der Ruh- und Sonntage angesetzte Fest-Tage/ zu behalten; Ja auch/ so viel die Lehre betrifft/ zum Exempel den Testament-Worten so wohl/ als den erstgedachten Worten der Augspurgischen Confession einen solchen Verstand anzudrehen/ und mit pochen und pralen (firmo stamus talo: portæ inferorum &c.) den übrigen allen aufzubürden/ der sich zu obiger ihrer Intention schicken/ und der ihrer Zuhörer Augen/ Ohren und Gedancken nicht nur auf die reine Warheit des Evangelii leiten / sondern zugleich auch ihrem Respect und grossen Ansehen fein viel mit contribuiren solten; Sie möchten es doch nur immerhin nehmen/ weil sie es haben könten; Es wäre dergleichen Fürzug fast in allen in der Welt befindlichen Religionen den Geistlichen gegönnet; Sie hätten auch öffters die Obrigkeitliche Stelle selbst vertreten/ oder wären zum wenigsten Da pari (als Gleichmächtige) consideriret worden; Warumb solten sie sich eben nach den bedrückten armen Gesellen richten; Zumahlen da sie es auch gerne besser würden haben wollen/ wenn es ihnen so gut werden könte/ u. s. w.

§ II.

§. II.

Die Wahrscheinlichkeit dieses wird dadurch mercklich gestärcket/ wann man die Worte des X. Articuls der Augspurgischen Confession gegen dasjenige hält/ was nach und nach/ sonderlich durch den summarischen Bericht/ eingeschoben worden/ und noch jetzo von denen Infallibilisten gelehret/und als Fundamental-Articul zu glauben befohlen wird. In dem gemeldten 10. Articul findet man nichts von dem Sacrament des Altars; Die in der Heil. Schrifft und in der Augspurgischen Confession befindliche Benennung des Abendmahls des HErrn war ihnen zu einfältig/ und nicht patherisch gnug; daß es eine/ von der Römisch-Catholischen Clerisey/ aus dem Judenthume/ zu desto mehrer Behauptung ihres Meß-Opffers genommene Benennung sey/ weiß jederman. In dem zu Dreßden Anno 1688. gedruckten Catechismo wird das fünffte Hauptstück genennet: Das Sacrament des Altars (alß die fürnehmste und erste Benennung); Und die Frage/ warumb es also genennt werde? folgender gestalt beantwortet: Weil dasselbe von alten Zeiten her/ in den Kirch-häusern/ bey den Altären/ ordentlicher weise sey abgehandelt und gebraucht worden. Warumb es aber insgemein (obiter, oder für die langeweile) das heilige Nachtmahl genennet werde/ wird bald darauff aus der Heil. Schrifft mit unterschiedlichen Sprüchen erwiesen. Ferner/ daß der wahre wesentliche Leib des HErrn Christi/ bey der Handlung des Sacraments des Altars/

Altars/ dergestalt wahrhafftig und wesentlich zugegen sey/ daß er mit dem Munde/ in/ mit und unter dem Brodte wahrhafftig und wesentlich/ auch von den Unwürdigen/ gegessen werde/ ist eben so wenig/ weder in dem Testament/ noch der Augspurgischen Confession, zubefinden. Es ist dannenhero/ und bleibt gewiß/ daß kein un-præoccupirter verständiger Mensch sagen könne/ daß es deutliche klare Testament-Worte; item/ daß es der Augspurgischen Confession-Worte/ oder auch solche Expressiones seyen/ welche das innerliche/ nemlich die Seele (als welche eigentlich und einig/ Labung und Stärckung nöthig hat) sondern vielmehr/ daß es frembde Auslegungen uñ Satzungen seyen/ die das äusserliche uñ irrdische/ den Leib/ den Mund respiciren/ und der Communicanten/ insonderheit der Einfältigen/ Gedancken bey dem irrdischen behalten; Absonderlich wenn die prächtige in die Augen und Ohren lauffende Römisch-Catholische Anstalten (Apparatus) dazu kommen/ nemlich: Die kostbahre aufs schönste gemahlte und vergüldte Altäre; Die mit Gold/Silber und Perlen gestickte Meß-gewandte; Das Klingeln bey der Consecration; das † machen über dem Brodt und Wein; Das Niederknien für den Priester; das Darschieben in den Mund/ u. s. w. welches alles dem Ambtirenden Lutherischen Prediger etwas sonderliches/ mysteriösisches und majestätisches beylegen/ und obgemeldten Einfältigen eine Impression machen soll/ als ob derselbe dadurch auch etwas/ zu desto kräfftigerer Wirckung/ beytragen könte.

§. 12.

Dieses ist nun/ was/ meiner Einfalt nach/ von dem Ursprung der obgemeldten Römisch-Catholischen und rein-Lutherischen Religion/ wie sie im Instrumento Pacis, der gemeinen Redens-Art nach/ genennet werden/ wiewohl sie die Römisch-Catholische und Lutherische Neben-Infallibilität genennet werden solten/für ietzo angezeiget werden kan. Die darinnen/ der erstgemeldten gemeinen Redens-Art nach/ mitbenante Reformirte Religion/ oder vielmehr der Reformirt-gebliebenen KirchenGlaubens-Bekäntnüs/ gründet sich/ von Anfang der Reformation her/ biß auf diese Stunde/ einig und allein auf das allein infallible Wort Gottes und das Apostolische Glaubens-Bekäntnüs/ und weiß von keiner/ als dieser alleinigen Infallibilität. Dann als die sel. Reformatores, nach obiger Andeutung/ durch das ungestüme Schmähen/ Lästern und Verdammen (als der einigen/ der Päbstlichen wütenden Clerisey noch übrigen Rache/ wegen der entdeckten Clericats-Geheimnüssen) genöthiget wurden/ ihre zu der Ehre Gottes und Reinigung seines Worts führende Intention der Christenheit für die Augen zulegen; so musten sie an denen Orten/ wo sie sich befunden/ nebest den mündlichen Unterricht/ oder Predigt/ gewisse Schrifften/ oder Libros symbolicos publiciren/ und nach dem von Gott verliehenen Vermögen darthun/ worinn/ eines theils/ die angeflickte Römisch-Cathol. Nebē-Infallibilität/ und hingegen die selbständige Infallibilität des Wortes

Wortes Gottes bestünde. Deutlicher: Sie musten der Christenheit/ absonderlich ihren Gemeinden die irrige und verführische/ von der Römischen Clerisey erdichtete/ Deutungen des göttlichen Wortes anzeigen/ mit welchen ihre Geld- Ehr- und Regier-sucht den wahren Gottesdienst angefüllet hatte; Sie musten ihren Gemeinden fürstellen/ daß es Menschen-satzungen/ und also ein vergeblicher Gottesdienst wäre; Sie musten ihnen/ nach Ausschaffung und Wegthuung derselben/ den Weg zeigen/ darauf Gott in Heiligkeit und Gerechtigkeit gedienet seyn will. Zu diesem Zweck/ und auf diesen Grund/ ward die Augspurgische Confession, von den Seligen Luthero, Melanchthon, und andern gottsfürchtigen Männern in diesen Landen eingerichtet/ und für ihr/ und ihrer Christlichen Gemeinden Glaubens-Bekäntnüs gehalten; (in den/ von hier entlegenen Landen geschahe von andern/ dergleichen) diese ward Anno 1530. dem domahligen löblichen Keyser und dem Römischen Clero übergeben; Jedoch nicht eben darumb/ daß alle ihre darinnen/ oder auch in der darauf gerichteten Apologie enthaltene Expressiones gantz unveränderlich/ und eben so infallible seyn solten / als Gottes Wort selbsten; oder daß sie/ der Christlichen Freyheit zuwider/ allen andern Christen Ziel und Maaß setzen müsten; sondern wie/ und welcher gestalt sie/ eines theils/ die/ von der Römischen Clerisey/ und andern/ zu Beybehaltung ihrer Clericats-maximien/ angedichtete infallible Zusätze/ oder Auslegungen der heiligen

Schrifft

Schrifft herfür suchen/ und ans Licht bringen/ andersteils aber/ den rechten Verstand des reinen Göttlichen Worts/ in so fern Gott Gnade verleihet/ exprimiren/ und/ ohne einige allgemeine Neben-Infallibilität/ für Augen stellen möchten.

§. 13.

In diesem Christlichen und wohlgemeinten Fürsatze seynd (zum wenigsten/ was ihre allgemeine Grund-Sätze oder Glaubens-Bekäntnisse (libros symbolicos) anbelanget/ sintemahl ich/ für alle Particulir-Scribenten dieses zu behaupten/ nicht unternehmen will) bißher diejenigen Kirchen beständig geblieben/ die sich noch jetzt Reformirte nennen; worinnen ihnen einige der Protestirenden Kirchen/ die sich/ zur Gesellschafft/ auch Lutherisch nennen lassen/ ohngeachtet/ daß sie in einen oder andern Lehr-Puncten/ weder mit den obgemeldten rein-Lutherischen/ noch den Reformirt-gebliebenen/ allerdings einig seynd/ Christ-löblich gefolget; Sie wissen beyderseits von den infalliblen Auslegungen des Wortes GOttes (weil sie dasselbe allein vor infallibel halten) eben so wenig/ als von den aufgedichteten verfluchten Folgereyen/ und dem daher fliessenden Haß/ Neid und Verdammung derjenigen/ die mit ihren Auslegungen nicht allerdings einig seynd; Sie übertragen sie vielmehr/ nach Christi Beffehl/ und nach Veranlassung des Instrumenti Pacis, mit Christlicher Bescheidenheit/ und Sanfftmuth/ und schliessen keinen/ von der festgestellten mutuâ Tolerantiâ so wenig/ als von

H der

der mit zugenieſſen-habenden Seligkeit aus: Unterdeſſen halten ſie ihre Glaubens-Bekäntniſſe auch für infallible; aber nicht weiter / als daß ſie in ihren Gewiſſen unfehlbar verſichert ſeynd/ daß die/ in denſelben enthaltene Lehre / dem reinen infalliblen Worte Gottes und Fundamental-Articuln des Apoſtoliſchen Glaubens / allerdings gemäß ſey / und daß ſie / bey Beobachtung derſelben/ und Beharrung in der Gottes-gelaſſenheit / ihrer Seelen Seligkeit unfehlbar erlangen/ und ewiglich genieſſen werden; Welches ſie ebenfals den Römiſch-Catholiſchen / und Lutheriſchen ingeſamt / die von ihren Glaubens-Bekäntniſſen/ und der darinnen enthaltenen Lehre / eine dergleichen zuverläßige Meynung haben/ nicht allein gerne gönnen/ ſondern auch der verſicherten Hoffnung lebē/ der Allerhöchſte Richter werde zu ſeiner Zeit zwiſchen denen unterſchiedenen Glaubens-Bekäntniſſen einen gerechten Ausſpruch thun; Indeſſen aber den Irrenden/ die in warhafftiger/ ungefälſchter Gottesgelaſſenheit/ in Friede/ und Ruhe/ ſo viel an ihnen/ ihres Lebens-Lauff vollenden/ durch ihm bekante/ uns aber gantz unerforſchliche Wege/ Gnade erweiſen/ und ſie all eben wohl der ewigen Seligkeit theilhafftig machen; wovon hernechſt mit mehrern geredet werden ſoll.

Das

Das III. Capitel.
Von den Früchten der Neben-Infallibilität insgemein/ und/ in specie, von dem Ursprunge des annoch eben so starck operirenden fürgefasten Wahns/ und dessen Früchten.
Innhalt.

§. 1.

Kurtze Wiederholung des Ursprungs der Neben Infallibilität. §. 2. Der HErr Christus vergleicht die Infallibilisten den reissenden Wölffen / und sagt: Ein böser Baum bringt böse Früchte. §. 3. Nicht alle böse Bäume oder Infallibilisten haben einerley Nahrung oder Trieb zum Wachsthum; bey etzlichen findet sich ein Fürsatz/ bey etzlichen nicht/ und dieses §. 4. vermittelst des fürgefasten Wahns §. 5. Der Ursprung desselben/ und daraus entstehenden bösen Würckungen/ unter der falschen Meinung/ es geschehe Gott ein Dienst daran. §. 6. Was bisher von der Infallibilität/ und fürgefasten Wahne gesagt worden/ wird zwar von den gesamten Protestirenden auf die Römisch-Catholische mit guten Fug appliciret; §. 7.

H 2 Nichts

Nichts destoweniger aber ist unter den Protestirenden eine neue Neben-Infallibilität aufgekommen/ und gestifftet worden; §. 8. Derselben böse Früchte. §. 9. Fortschritt zu der particulir-Demonstration des fürgefasten Wahnes; §. 10. Durch Gegeneinanderhaltung des Calixti Tractatus de Hæresi, & Schismate, und eines Autoris Disputation de devitandis Hæreticis. §. 11. Worinnen der Unterscheid dieser beyden Meinungen bestehe. §. 12. Der Römisch-Catholischen Beschreibung eines Ketzers. §. 13. Calixti Meinunge. §. 14. Des erstgemeldten Autoris Meinunge. §. 15. Die Veranlassung/die er dazu gehabt haben möge: Tempori inserviendum esse. §. 16. Unförmliche Allegation der Sprüche der Schrifft. §. 17. Die Reformirten sollen die schlimmesten Ketzer seyn. §. 18. Ihre Kirchen werden einer gottesläsperlichen Catechismus-Lehre beschuldiget. §. 19. Einige Sätze aus der Infallibilisten Catechismo. §. 20. Der Apostel Petrus unterscheidet die gemeine

und

und Brüderliche Liebe. §. 21. Wuntsch an den vorgemeldten Autorem, mit angefügter Vermahnunge und Hoffnunge der Besserung. §. 22. Verlangan zu Gott/ und Hoffnung zu der hohen Obrigkeit/ wegen fernerer vermögender Correction der unzeitigen Eyferer/ wozu der Anfang albereit gemacht worden.

§. 1.

ES ist im vorhergehenden deutlich dargethan worden/ daß der Ursprung oder die Wurtzel aller/ und also auch der im Römischen Reiche eingewurtzelten Neben= Infallibilitäten und im Instrumento Pacis authorisirten Glaubens=Lehren von der Geld=Ehr= und Regier=sucht etzlicher irrdisch=gesinnter/ Welt= ergebener/ schein=heiliger Leute herrühre/ welche unter dem eusserlichen Scheine einer sonderbahren grossen Andacht/ und Begierde die Ehre Gottes zu befordern/ im Hertzen ihre eigene Ehre/ und Liebe/ für ihr allergröstes und alleiniges Gut halten / mit Gott aber und ihren Nächsten ihren Spott treiben/ und deßwegen all ihr Dichten und Trachten dahin richten/ wie sie ihr und ihres Anhanges zeitliches Wohlseyn/ hier auff Erden / durch zu=und unzuläßige Mittel/ auffs höchste treiben können.

§. 2.

Deßwegen vergleicht sie unser Seligmacher denen mit Schaffsfellen bekleideten reissenden Wölffen/ und

und will/ daß wir sie an ihren Früchten erkennen sollen.   Er saget uns ferner/ daß ihre Früchte nach dem Baume schlachten/ darauf sie wachsen/ mit diesen Worten; Ein guter Baum bringet gute Früchte. Seind nun die Früchte böse/ so kan und muß der Baum/ drauf sie gewachsen/ nichts taugen; Dann wie die Früchte der jenigen/ die die alleinige Infallibilität des göttlichen Worts/ in der Welt/ ausbreiteten/ der Apostel und ersten Kirchenlehrer/ biß zu Constantini Magni Zeiten/ in der Warheit/ Liebe/ Aufrichtigkeit/ Demuth/ Friedfertigkeit/ u. s. w. sich eusserten; Also haben sich auch die Früchte der Neben-Infallibilitäts-Stiffter/ nicht unbezeugt gelassen/ indem sie die Warheit mit der Lügen; die Liebe mit Haß und Neid vermengt; Die Auffrichtigkeit in Arglist und Betrug; Die Demuth in Hochmuth; Der Frieden in Zanck und Streit; Die Sanfftmuth in Bitterkeit/ u. s. w. verwandelt haben/ damit ihre Neben-Infallibilität zugleich mit der wahren Infallibilität; ihr irrdisches und zeitliches Wohlseyn/ zugleich mit der eingebildeten ewigen Seligkeit bestehen/ und für bekant angenommen werden möge. Dieser Früchte unglückslige Würckungen haben seit der Zeit/ daß sie angefangen zuwachsen/ und sich auszubreiten/ den Christlichen Geschicht-schreibern zum offtern traurige Arbeit gegeben; indem sie dadurch genöthiget worden/ ihre Schrifften mit Anführung unzehlicher arglistiger Betrügereyen; fälschlich ertichteter Auflagen/ Verleumbdungen/ und darauf erfolgter verführischer

Inquisi-

Inquisitionen / unmenschlicher Verfolgungen mit Schwerdt und Feuer; grausamer Empörungen und Zerrüttungen; so vieler Menschen Ruin und Verderben/ auch Kirchen und Schulen Zerstörung und Untergang/ anzufüllen.

§. 3.

Ob nun wohl alle diese unzehliche Reichs- und Welt-kundige Unordnungen und schädliche Früchte/ wie oben gesagt/ aus einer Wurtzel entspriessen/ und die Geld- Ehr- und Regiersucht zum Grunde haben/ so folget deßwegen nicht alsofort/ daß alle Bäume/ darauf sie wachsen/ einerley Feuchtigkeit geniessen/ oder einerley Trieb zum Wachsthum haben. Es ist ein mercklicher Unterscheid zwischen den ersten Urhebern/ von welchen anfangs geredet worden/ und ihren Nachfolgern; Diese seind wieder unterschieden. Einige unter ihnen penetriren/ und verstehen der Anstiffter/ Gottes Wort fürsetzlich widerstrebende Clericats-principia, die meisten aber nicht; und unter diesen finden sich sehr viel Christ- und geistlich-gesinnte/ welche einen aufrichtigen Fürsatz haben/ Gott und ihren Nächsten treulich zu dienen; Viel solche Leute/ sage ich nochmals/ seind unter den Infallibilisten/ die da wissen/ daß Gott ein Feind/ der Satan aber ein Vater ist der Lügen/ des Hasses/ des Hochmuths/ des Geld- und Ehrgeitzes/ u. s. w. Und dieses wissen sie nicht allein/ sondern sie bitten auch Gott von Hertzen/ daß er sie dafür behüten/ und auf den Wegen der Warheit/ der Liebe/ der Aufrichtigkeit/ u. s. w. leiten

und

und führen wolle. Nichts destoweniger aber zeiget die tägliche Erfahrung/ daß sie/ bey allem diesem treugemeinten Fürsatz/ ihren Vorfahren/ auf den Fuße/ nachfolgen/ und alle ihre Leibes- und Gemüths-Kräffte darzu employren (anwenden)/ daß sie die/ von ihnen Dissentirende/ entweder auf ihre Seite bringen/ und also ihren Hauffen vergrössern/ oder aber in dessen Entstehung sie verketzern/ verdammen/ ausrotten und vertilgen mögen. Dieses würde unserer blinden Vernunfft gantz unmüglich zu conciliiren (begreiffen) seyn/ wann die/ nimmer gnugsam gepriesene Sorgfalt unsers Seligmachers/ uns darinnen nicht beygestanden/ und diesen Stein des Anstosses aus dem Wege geräumet hätte; Indem er ferner von diesen Leuten sagt: Sie vermeinen/ sie thun Gott einen Dienst daran.

§. 4.

Wann wir uns die ungezweiffelte Warheit dieses göttlichen Ausspruchs vor Augen stellen/ so können wir einiger massen begreiffen/ daß in diesen Worten auf den/ unter uns sehr gemeinen vorgefaßten Wahn/ gezielet wird; Ja/ wir finden handgreifflich/ daß der vor gefaßte Wahn eben so capabel ist/ alle die Früchte herfür zubringe/ welche die fürsätzliche Boßheit der obgemeldten Spötter auszuhecken pfleget.

§. 5.

Man bedencke nur/ wie die Jugend von Zeit zu Zeit/ von Jahren zu Jahren/ in den Schulen mit gewissen vermeinten Principiis infallibilibus (unfehlbahren

bahren Gründen) gleichsam/ als mit der Mutter-
milch aufgebracht wird; folgends werden sie/ in den
Klöstern/ und auf den Universitäten biß zur Eydes-
leistung/ darinn gegründet und befestiget/ und ihnen
zugleich der Haß und die Feindschafft/ gegen die ver-
maledeyete dissentirende Ketzer/ mit Gewalt einge-
trichtert/ und eingeplauet; Wie solten sie dann zwei-
feln/ daß sie GOtt nicht einen sonderbahren Dienst
thäten/ wann sie die so fest gefasten Gründe/ qvovis
modo, durch alle ersinnliche Wege/ durch allerhand
pias, ergo & licitas fraudes, imò usq; ad ipsa Mendacia,
sustiniren/ oder welches gleich viel; wann sie alle ver-
führische Sophiltische Qverstreiche/ auch Beredūgs-
und Bedroßungs-Arten/ biß zum Anathemate, zusammen klauben/ und damit ohne einigen Respect
auf die Christliche Liebe/ auf den/ der hohen Obrigkeit schuldigen Gehorsam/ auf die verglichene und
verfügte Sanctiones Pragmaticas/ u. s. w. alle von ihnen dissentirende/ als verfluchte Ketzer/ hassen/ verdammen und meiden/ auch aufs äusserste zu verfolgen und endlich gar auszurotten trachten; Und dieses
alles/ unter dem specieusen Scheine der Beybehal-
tung/ Beförderung und Ausbreitung ihrer allein seligmachenden Religion/ als wodurch sie GOtt den
allergrösten Dienst thun könten; In der That und
Warheit aber/ damit sie ihre discretive dominante
Religion establiren/ und sich und ihren Anhang darbey erhalten mögen.

J   §. 6.

§. 6.

Daß nun alles / was bißher insgemein von der Neben-Infallibilität gesagt worden/ bey den Römisch-Catholischen im vollen Schwange sey / und täglich in Floribus practiciret werde/ muß den gesamten Protestirenden gnugsam bekañt seyn/sintemal der Grund der Reformation einig und allein darauf beruhet.

§. 7.

Vielen aber unter ihnen wird es sehr befrembd fürkommen/ wenn sie handgreifflich sehen werden/ daß der reine Saame des Evangelii/ welchen die seligen Reformatores ausgesäet haben/ von dem durch den Satan drunter gestreueten Unkraute einer neuen Infallibilität theils erstickt/ theils mit Füssen zertreten/ und dergestalt des seligen Lutheri Warnung/ oder vielmehr Prophecéyung (daß nach ihm ein anders und viel schlimmers Pabstthum entstehen würde;) wahrgemachet worden.

§. 8.

Dann es bezeuget die tägliche Erfahrung von so langer Zeit her / daß eben durch diese Neben-Infallibilität die vielfältige/ schädliche und der Christlichen Liebe schnurstracks zuwiderlauffende Weiterungen/ ja auch der capital Haß deren/ die sich rein-Lutherische nennen / und ihren Kirchen eine allein seligmachende Religion zuschreiben/ wider die nicht rein-Lutherischen und Christlich Reformirt-gebliebenen Kirchen veranlasset / und biß diese Stunde beständig vermehret

ret worden; Jngleichen auch/ daß eben diese vermeinte Infallibilität die alleinige Ursach sey/ daß die von so langer Zeit her angewandte grosse/ und unglaubliche Mühe/ so vieler fürnehmer und gelehrter Theologorum, auch Theologo-Politicorū, in Schrifften/ bey Zusammenkünfften/ ohne und auf Befehl der hohen Landes-Regenten/ auch in derselben persönlichen Beyseyn/ so wenig gefruchtet/ indem der alte Infallibilitäts-Brey/ mit grosser Scheinheiligkeit/ immer wieder aufgewärmet/ und/ den fürfallenden Gelegenheiten nach/ mit sinnichten Speck/ und stinckender Butter (allerhand erdichteten/ und aus blossen Sophistischen Folgereyen/ gezogenen Verleumbdungen und Lästerungen) wiederumb angerühret; Hergegen die/ von so vielen Christlichen Hertzen/ vor und nach dem Instrumento Pacis, so hoch verlangte brüderliche Tolerantz/ durch so vielfältiges Conferiren/ Examiniren/ pro und contra disputiren/ allezeit in mehrere Difficultäten gesetzt/ und dem wahren Christenthume/ dessen hellester Glantz/ an den Christlichen Liebes-Bezeugungen/ am allermeisten erkant wird/ mehr Schaden als Nutzen geschafft/ mehr Haß als Liebe gestifftet/ und die Gemüther dieser eingebildeten Infallibilisten/ einen Weg wie den andern/ von den nicht rein-Lutherischen und Reformirt-gebliebenen Kirchen entfernet worden.

§. 9.

Nun möchte ich wohl wündschen/ daß diese gnugsame bekante Generalia zureichend wären/ dem

Christlichen Leser meine fundirte Intention, und absonderlich dieses zu zeigen/ daß unter den Protestirenden eben so wohl/ als unter den Römisch-Catholischen/ die neue Neben-Infallibilität/und der durch die Information draus erzielte fürgefaste Wahn/ so viel schädliche Früchte herfür bringen kan; Indem ich darburch der Mühe nicht weniger/als des Verdrusses/wegen einer allezeit unangenehmen/meistentheils aber gehäßigen/ particularen Demonstration überhoben seyn könte; Weil ich aber sehr dran zweiffeln/ un also darzu schreiten muß/so wil ich hoffen/ der Author einer Disputation (so den 25. Julii des vergangenen 1689. Jahres cum Approbatione & Applausu, unter dem Titul, De Devitandis Hæreticis, publicè gehalten worden) werde nicht übel nehmen/ sondern dem Christlichen Leser gönnen/ daß ich seine Meynung de Hæreticis gegen diejenige halte/ welche der friedliebende und hochgelehrte D. F. U. Calixtus, im ietzigen Jahre/ de Hæresi & Schismate publiciret hat; weil ich dadurch verhoffentlich meinen Zweck erreichen werde. Ich versehe es mich/ umb so viel desto mehr/ zu seiner Erkäntlichkeit/weil ich mir fürgenommen/ die ungütige Meynung von ihm abzulehnen / welche alle unpassionirte von ihm haben können/ als ob er aus boßhafften Fürsatze/ wider besser Wissen und Gewissen/ seine unschuldige Mit-Christen/ mit so Gottes-lästerlichen Unwarheiten beschuldigen und beschmitzen wolle; Indem ich/ meiner Christlichen Schuldigkeit nach/ein bessers hoffe/und præsupponire/ daß re/daß er/ denen/ von Jugend auf/ gefaſten Principiis nach/ in den feſten Gedancken geſtanden/ und noch ſtehen könne/er thue Gott einen ſonderbahren Dienſt daran.

§. 10.

Die erſtgemeldte Gegeneinanderhaltung wird der Sache ein mehrers Licht geben. Anfangs finde ich/ daß die Theſis: Die Ketzer muß man meiden; in der Heil. Schrifft gegründet ſey/ und ihre durchgehende Richtigkeit habe. Ein guter Hirte vermeidet/ mit groſſer Sorgfalt/ daß ſeine reine Heerde/ durch unrein anſteckend Vieh/nicht zu Schaden komme; Item: Eine Chriſtliche Gott ergebene Seele ſoll und muß die Ketzer meiden/und ſie/gleich den Heiden/ der Chriſtlichen Liebe unwürdig achten/damit ſie ſich nicht muthwillig in Verſuchung und Gefahr ſetze/ durch die Converſation angeſteckt/ oder durch Anhörung ihrer Gottesläſterung geärgert und betrübet zu werden. Hiernechſt iſt nöthig/daß man wiſſe/was eigentlich ein Ketzer ſey/ oder wer nach Anleitung der Heil. Schrifft ein Ketzer könne genennet werden?

Der Herr Calixtus bekennet mit Auguſtino, daß es ſehr ſchwer ſey/einen Ketzer recht und gründlich zu beſchreiben: weil weder in der Heil. Schrifft/ noch bey den Lehrern der erſten Kirchen/ eine ſolche Beſchreibung ſo wenig/als die eigentliche Reqviſita, warum einer ein Ketzer zu nennen

Der Herr Diſputator geſtehet zwar (p. 128.) es ſey dem Auguſtino ſchwer gefallen / einen Ketzer recht und gründlich zu beſchreiben? Er hält aber darfür/ es ſey ihm und allen denẽ ſehr leicht/ welche ſich auf die heilige Schrifft/

ren sey/ deutlich *exprimiret* sey.
Man finde zwar insgemein/
daß durch das Wort/Ketzerey/
eine Verleugnung eines Christlichen *fundamental* Glaubens-
Articuls (welche die Verdam-
niß nothwendig nach sich ziehet)
verstanden werde; worinnen
aber dieselben Articul bestehen/
oder wie viel derselben seyen/
finde sich nirgends deutlicher/
als in dem Apostolischen Glaubens-Bekäntniß. Wößwegen
er auch einen Ketzer folgender
Gestalt beschreibet: Ein Ketzer
ist/ der Christum erkennet hat;
der den Grund des Apostolischen Glaubens ansicht; der einen in demselben enthaltenen
Articul leugnet; der aller bessern *Information* ungeachtet/ ob
er schon treulich ermahnet/ und
des Irthums überzeuget wor-
den/ dennoch beständig dabey
bleibet/ seine Ketzerey auch mit
halsstarrigen Gemüthe vertheidiget / und biß ans Ende
darinnen beharret. Ein solcher
muß nach des Ap. Pauli Lehre
gemieden werden. Dieser Beschreibung zu folge hält er die
Arianer/Socinianer/und alle
die einen Articul des Apostolischen Glaubens verleugnen/
für

Schrifft/ als auf einem
festen Fuße/gründen/ uñ
die Warheit der Gebühr
nach bekennen; Er ver-
sichert/ daß aller übrige/
absonderlich der Römisch-
Catholischen Kirchen võ
dẽ Ketzern habende Mei-
nungen durchaus falsch/
und dem (von ihm und
seines Glaubens-Genos-
sen auffrichtig bekanten)
Worte Gottes *diametra-
liter* zuwider sey.

Hiernechst formiret er
die Beschreibung eines
Ketzers aus lauter Sprü-
chen der Heil. Schrifft:
(*p. 120*) Ein ketzerischer
Mensch / der von uns
ausgegangen/*1. Joh. 2, 19.*
der das gute Gewissen
von sich gestossen / und
am Glaubẽ Schiffbruch
gelitten/*1. Tim. 1, 19.* Der
ein Brandmahl im Ge-
wissen hat / *1. Timot. 4, 2.*
Der/ wann er einmahl
und abermahl ermahnet
worden / verkehrt ist/
und sündiget/als der sich
selbst verurtheilet hat/
Tit. 3, 10. 11. soll gemieden
werdẽ. Dieser Beschrei-
bung

für Ketzer; die Römisch-Catholische und Reformirt-gebliebene Kirchen aber kan/ und will er nicht für Ketzer halten/ weil sie keinen Articul des Apostolischen Glaubens verleugnen/ zumahlen da es dem Heil. Röm. Reiche/ darin sie zugleich mit *establiret* seynd/ sehr übel ins Gesicht kommen würde/ wann es bekante Ketzereyen hegen/ und *authorisiren* solte.

bung nach/ hält er alle *dissentirende*, so viel ihrer seynd/ für Ketzer/ und nennet *in specie*, die Papisten/ Calvinianer/ Socinianer/ Arminianer/ und Fanatiquen/ als welche alle von ihnen ausgegangen seyn sollen.

Hieraus erhellet/ daß der Herr Calixtus mit dem Augustino aufrichtig gestehet/ daß es sehr schwer sey/ einen Ketzer zu beschreiben/ oder zu sagen: Dieser/ oder jener ist/ umb dieser Ursachen willen/ ein Ketzer/ und muß gemieden; oder welches gleich viel ist; die Christ-brüderliche Liebe muß ihm versaget werden. Hergegen finde ich/ daß der Author der Disputation viel resoluter ist/ und es dem Augustino gleichsam verdencket/ daß er so freymüthig bekennet/ daß es ihm schwer gefallen sey; Er hält es hergegen für eine schlechte und geringe Arbeit; Ursach: Weil er auf dem festen Fusse der Heil. Schrifft stehet/ und die Warheit/ wie es sich gebühret/ bekennet.

§. II.

So viel ich der Sachen nachdencken kan/ wie es zugehen müsse/ daß er seiner Meinung nach/ so viel glücklicher ist/ als der fürtreffliche alte Kirchenlehrer/ oder auch der betagte/ grundgelehrte Calixtus; finde ich

ich anders nichts/ als daß es daher kommen müsse/ weil sie nicht mit einander in eine Schule gegangen/ auf einerley Universitäten studiret/ und einerley Principia co-infallibilia gefaßt haben. Diese gute Leute hielten/ und halten sich allein an die Infallibilität des Göttlichen Worts/ und darinn funden sie nichts positivement determinirtes/ von dieser Materie; Die Clericats-maximen waren/ und seynd ihnen/ wo nicht gantz unbekant/ doch gantz unanständig/ nach welchē man auf den festen Fuße der H. Schrifft stehen/ und die Warheit der Gebühr nach erkennen und bekennen kan; Oder deutlicher: Nach welchen man positivè sagen kan/dieses oder jenes ist der rechte und warhaffte Verstand des göttlichen Wortes/ und deßwegen muß dieses oder jenes ein fundamental-Articul seyn; und wer diesen fundamental-Articul nicht/ als Gottes Wort selbsten/ annimt/ und blind hin/ ohne weitere Untersuchung/ glaubet/ der muß für einen Ketzer/ und für keinen Bruder in Christo/ gehalten werden. Denn hierauf bestehet der Grund der Neben-Infallibilität/ welche/ durch die drauf gegründete und von Jugend an/beygebrachte Information, den fürgefaßten Wahn gebiehret; nemlich/ man müsse die also erkente/ oder vielmehr eingebildete Warheit / qvovis modo, (auf allerhand Art und Weise/ mit Warheit und Unwarheit/ u. s. w.) vertheidigen. Nun wollen wir sehen/ was der Author thut; Er verwirfft aller Dissentirenden / insonderheit der Römisch-Catholischen Kirchen/von den Ketzern habende Meinungen/

als

als falsch / und dem von ihm auffrichtig erkanten Worte Gottes diametraliter widerstrebend. Dieses/ und zuförderst das letzte/ zu beweisen/ allegirt er eine weitläufftige Beschreibung derer/ so die Römisch-Catholische Kirche für Ketzer hält/ und welche/ seiner Anzeigung nach/ von dem Gerhardo aus einigen ihrer Scribenten zusammen gesucht worden.

§ 12.

Einmahl ist gewiß/ daß/ nach den Römisch-Catholischen bekanten Clericats-maximen/ derjenige ein Ketzer seyn soll/ welcher nicht alles/ was die Römisch-Catholische Kirche/ und ihr Haupt der Pabst/ setzet und verordnet/ eben so fest glaubet/ als Gottes Wort selbst; Einen solchen meiden sie/ als einen Ketzer; Sie versagen ihm die Christ-brüderliche Liebe; Sie hassen/ verfolgen/ peinigen/ martern und tödten ihn; Ja sie stürtzen ihn/ so viel an ihnen/ gar in den Abgrund der Höllen.

§. 13.

Diesem nach erhellet ferner/ daß Calixtus den Grund der Ketzerey setzet auf die positive Verleugnung eines Articuls des Apostolischen Glaubens/ als eines bekanten/ und von allen Christen angenommenen Symboli, worzu er noch einige andere schrifftmäßige und mit dem Authore einstimmige Reqvisita erfordert.

§. 14.

Der Author aber/ so viel ich begreiffen kan/ gründet sich

det sich auf den kurtzen Spruch des Ap. 1. Johannis 2. v. 19. E nobis egreſſi ſunt; (ſie ſeynd von uns ausgegangen.) dañ alles/was er weiter aus andern Sprüchen der Heil. Schrifft darzu thut/ ſtimmet mit des Calixti erſt-bedeuteten Reqviſitis allerdings überein. Wer den Innhalt des gantzen Capitels wohl erweget/ wird leicht ermeſſen/ daß darinnen faſt nichts de credendis, ſondern nur de agendis gehandelt werde; (faſt nichts von dem/was man glauben/ſondern was man thun ſolle:) Ingleichen/daß in den kurtzvorhergehenden Worten dahin gezielet wird/daß die Chriſten nicht die Welt/ (des Fleiſches Luſt/ Augen-Luſt und hoffärtiges Leben) ſondern Gott/ und Gott/ in ihren Mit-Chriſten/lieben/und alſo den Willen Gottes thun ſolten/ von den jenigen/ die dieſes thun/ und beſtändig darbey bleiben/ ſagt der Apoſtel: Sie bleiben bey uns; die aber nicht beſtändig dabey bleiben/ ſeynd von uns ausgegangen. Ich ſehe alſo nicht/wie der Author die Beſchreibung eines Ketzers auf dieſen Spruch gründen könne / weil dergeſtalt alle Weltergebene/ ruchloſe Leute Ketzer ſeyn müſſen.

§. 15.

Ich muß deßwegen aus den vor- und nachgehenden/ſonderlich aus der Enumeration der Ketzer/(p. 130) muthmaſſen/ er habe ſein fürnehmſtes Abſehen auf die domahlige Zeit und gewiſſe Umbſtände gerichtet/ welches der gantze Innhalt der Approbation-ſchrifft: (p. 131.) Tempori inſerviendum eſſe; beſtärcket/ daß nemlich einige von den ihrigen ſelbſt/etwas favorabler
von

von den Römisch-Catholischen und Reformirten Kirchen/ zu schreiben begonnen/ als ob ihnen zu viel geschehe/ wann man ihnen so viel Gottes-lästerliche Lehren auffbürdet; und also anfiengen von der ihnen gebührenden Christ-brüderlichen Verträglichkeit zu buchstabiren; Einige aber gar von ihrer Partey ab- und zu diesen traten; andere sich mit ihnen verehlich- ten. Diesem höchst-schädlichen Unheile und grausa- men Risse/ in ihre Glaubens-Kette/ fürzubeugen/ musten sie/ absonderlich aber die Reformirten (die er mit dem unanständigen/ und mehr als hundert tau- send Millionen mahl/ verworffenen heillosen Nah- men der Calvinianer zu nennen beliebt) die allerärg- sten Ketzer seyn. Auf seiner Cathedre kan er sie nen- nen/ wie er will; solte er aber einen Reformirten ins Gesicht einen Calvianer nennen/so muß er eine Haar- buiche mit ihm wagen: Ich zweiffele auch sehr/ daß er oder ein ander/sich würde einen Lutheraner nennen dürffen, wann er wüste/daß der liebe seelige Mann ihn wegen Hindansetzung seiner Warnung/und Verbots straffen könte; Solte er aber nicht dermahleins gegen euch Lutheraner auftreten/ euch anklagen/ und euer Urtheil anhören dürffen?

§. 16.

Daß die Reformirte die ärgste Ketzer wären/ muste erwiesen werden. Die ordentliche von Christl. und gottseligen Lehrern gebrauchte Wege des Be- weißthumbs ermangelten; deßwegen nahm er eine piam fraudem zu Hülffe/ und erzwang aus der Appli- cation

§. 6.

Daß nun alles / was bißher insgemein von der Neben-Infallibilität gesagt wordē/ bey den Römisch-Catholischen im vollen Schwange sey / und täglich in Floribus practiciret werde/ muß den gesamten Protestirenden gnugsam bekañt seyn/sintemal der Grund der Reformation einig und allein darauf beruhet.

§. 7.

Vielen aber unter ihnen wird es sehr befrembd fürkommen/ wenn sie handgreifflich sehen werden/ daß der reine Saame des Evangelii/ welchen die seligen Reformatores ausgesäet haben / von dem durch den Satan drunter gestreueten Unkraute einer neuen Infallibilität theils erstickt / theils mit Füssen zertreten/und dergestalt des seligen Lutheri Warnung/oder vielmehr Prophoceyung (daß nach ihm ein anders und viel schlimmers Pabstthum entstehen würde;.) wahrgemachet worden.

§. 8.

Dann es bezeuget die tägliche Erfahrung von so langer Zeit her / daß eben durch diese Neben-Infallibilität die vielfältige / schädliche und der Christlichen Liebe schnurstracks zuwiderlauffende Weiterungen/ ja auch der capital Haß deren/die sich rein-Lutherische nennen / und ihren Kirchen eine allein seligmachende Religion zuschreiben / wider die nicht rein-Lutherischen und Christlich Reformirt-gebliebenen Kirchen veranlasset / und biß diese Stunde beständig vermehret

ret worden; Jngleichen auch/daß eben diese vermeinte Infallibilität die alleinige Ursach sey / daß die von so langer Zeit her angewandte grosse / und unglaubliche Mühe / so vieler fürnehmer und gelehrter Theologorum, auch Theologo-Politicorū, in Schrifften/ bey Zusammenkünfften/ ohne und auf Befehl der hohen Landes-Regenten/ auch in derselben persönlichen Beyseyn/ so wenig gefruchtet / indem der alte Infallibilitäts-Brey / mit grosser Scheinheiligkeit / immer wieder aufgewärmet/ und/ den fürfallenden Gelegenheiten nach/ mit sinnichten Speck / und stinckender Butter (allerhand erdichteten / und aus bloßen Sophistischen Folgereyen/ gezogenen Verleumbdungen und Lästerungen) wiederumb angerühret; Hergegen die/ von so vielen Christlichen Hertzen/ vor und nach dem Instrumento Pacis, so hoch verlangte brüderliche Tolerantz / durch so vielfältiges Conferiren/ Examiniren/ pro und contra disputiren/ allezeit in mehrere Difficultäten gesetzt / und dem wahren Christenthume/dessen helleſter Glantz/an den Christlichen Liebes-Bezeugungen/ am allermeisten erkant wird/ mehr Schaden als Nutzen geschafft / mehr Haß als Liebe gestifftet/und die Gemüther dieser eingebildeten Infallibilisten/ einen Weg wie den andern/ von den nicht rein-Lutherischen und Reformirt-gebliebenen Kirchen entfernet worden.

§. 9.

Nun möchte ich wohl wündschen / daß diese gnugsame bekante Generalia zureichend wären / dem

J 2 Christ-

Christlichen Leser meine fundirte Intention, und absonderlich dieses zu zeigen/ daß unter den Protestirenden eben so wohl/ als unter den Römisch-Catholischen/ die neue Neben-Infallibilität/ und der durch die Information draus erzielte fürgefaste Wahn/ so viel schädliche Früchte herfür bringen kan; Indem ich dadurch der Mühe nicht weniger/ als des Verdrusses/ wegen einer allezeit unangenehmen/ meistentheils aber gehäßigen/ particularen Demonstration überhoben seyn könte; Weil ich aber sehr dran zweiffeln/ uñ also darzu schreiten muß/ so wil ich hoffen/ der Author einer Disputation (so den 25. Julli des vergangenen 1689. Jahres cum Approbatione & Applausu, unter dem Titul, De Devitandis Hæreticis, publicè gehalten worden) werde nicht übel nehmen/ sondern dem Christlichen Leser gönnen/ daß ich seine Meynung de Hæreticis gegen diejenige halte/ welche der friedliebende und hochgelehrte D. F. U. Calixtus, im ietzigen Jahre/ de Hæresi & Schismate publiciret hat; weil ich dadurch verhoffentlich meinen Zweck erreichen werde. Ich versehe es mich/ umb so viel desto mehr/ zu seiner Erkäntlichkeit/ weil ich mir fürgenommen/ die ungütige Meynung von ihm abzulehnen/ welche alle unpassionirte von ihm haben können/ als ob er aus boßhafften Fürsatze/ wider besser Wissen und Gewissen/ seine unschuldige Mit-Christen/ mit so Gottes-lästerlichen Unwarheiten beschuldigen und beschmitzen wolle; Indem ich/ meiner Christlichen Schuldigkeit nach/ ein bessers hoffe/ und præsupponire/ daß re/daß er/ denen/ von Jugend auf/ gefaßten Principiis nach/ in den festen Gedancken gestanden/ und noch stehen könne/er thue Gott einen sonderbähren Dienst daran.

§. 10.

Die erstgemeldte Gegeneinanderhaltung wird der Sache ein mehrers Licht geben. Anfangs finde ich/ daß die Thesis: Die Ketzer muß man meiden; in der Heil. Schrifft gegründet sey/ und ihre durchgehende Richtigkeit habe. Ein guter Hirte vermeidet/ mit grosser Sorgfalt/ daß seine reine Heerde/ durch unrein ansteckend Vieh/nicht zu Schaden komme; Item: Eine Christliche Gott ergebene Seele soll und muß die Ketzer meiden/und sie/gleich den Heiden/ der Christlichen Liebe unwürdig achten/damit sie sich nicht muthwillig in Versuchung und Gefahr setze/ durch die Conversation angesteckt/ oder durch Anhörung ihrer Gottesläfterung geärgert und betrübet zu werden. Hiernechst ist nöthig/daß man wisse/was eigentlich ein Ketzer sey/ oder wer nach Anleitung der Heil. Schrifft ein Ketzer könne genennet werden?

Der Herr Calixtus bekennet mit Augustino, daß es sehr schwer sey/einen Ketzer recht un gründlich zu beschreiben: weil weder in der Heil. Schrifft/ noch bey den Lehrern der ersten Kirchen/ eine solche Beschreibung so wenig/als die eigentliche Reqvisita, warum einer ein Ketzer zu nennen

Der Herr Disputator gestehet zwar (p. 128.) es sey dem Augustino schwer gefallen / einen Ketzer recht und gründlich zu beschreiben? Er hält aber darfür/ es sey ihm und allen denē sehr leicht/ welche sich auf die heilige Schrifft/

nen sey/ deutlich *exprimiret* sey. Man finde zwar insgemein/ daß durch das Wort/ Ketzerey/ eine Verleugnung eines Christlichen *fundamental* Glaubens-Articuls (welche die Verdammniß nothwendig nach sich ziehet) verstanden werde; worinnen aber dieselben Articul bestehen/ oder wie viel derselben seyen/ finde sich nirgends deutlicher/ als in dem Apostolischen Glaubens-Bekäntniß. Weßwegen er auch einen Ketzer folgender Gestalt beschreibet: Ein Ketzer ist/ der Christum erkennet hat; der den Grund des Apostolischen Glaubens ansicht; der einen in demselben enthaltenen Articul leugnet; der aller besfern *Information* ungeachtet/ ob er schon treulich ermahnet/ und des Irthums überzeuget worden/ dennoch beständig dabey bleibet/ seine Ketzerey auch mit halsstarrigen Gemüthe vertheidiget / und biß ans Ende darinnen beharret. Ein solcher muß nach des Ap. Pauli Lehre gemieden werden. Dieser Beschreibung zu folge hält er die Arianer/ Socinianer/ und alle die einen Articul des Apostolischen Glaubens verleugnen/ für

Schrifft/ als auf einem festen Fuße/ gründen/ uñ die Warheit der Gebühr nach bekennen; Er versichert/ daß aller übrige/ absonderlich der Römisch-Catholischen Kirchen võ dẽ Ketzern habende Meinungen durchaus falsch/ und dem (von ihm und seines Glaubens-Genossen auffrichtig bekanten) Worte Gottes *diametraliter* zuwider sey.

Hiernechst formiret er die Beschreibung eines Ketzers aus lauter Sprüchen der Heil. Schrifft: (p. 120.) Ein ketzerischer Mensch / der von uns ausgegangen/ 1. Joh. 2, 19. der das gute Gewissen von sich gestossen / und am Glaubẽ Schiffbruch gelitten/ 1. Tim. 1, 19. Der ein Brandmahl im Gewissen hat/ 1. Timot. 4, 2. Der/ wann er einmahl und abermahl ermahnet worden/ verkehrt ist/ und sündiget/ als der sich selbst verurtheilet hat/ Tit. 3, 10. 11. soll gemieden werdẽ. Dieser Beschreibung

für Ketzer; die Römisch-Catholische und Reformirt-gebliebene Kirchen aber kan/ und will er nicht für Ketzer halten/ weil sie keinen Articul des Apostolischen Glaubens verleugnen/ zumahlen da es dem Heil. Röm. Reiche/ darin sie zugleich mit *establiret* seynd/ sehr übel ins Gesicht kommen würde/ wann es bekante Ketzereyen hegen/ und *authorisiren* solte. bung nach/ hält er alle *dissentirende*, so viel ihrer seynd/ für Ketzer/ und nennet *in specie*, die Papisten / Calvinianer/ Socinianer / Arminianer/ und Fanatiquen/ als welche alle von ihnen ausgegangen seyn sollen.

Hieraus erhellet/ daß der Herr Calixtus mit dem Augustino aufrichtig gestehet/ daß es sehr schwer sey/ einen Ketzer zu beschreiben/ oder zu sagen: Dieser/ oder jener ist/ umb dieser Ursachen willen/ ein Ketzer/ und muß gemieden; oder welches gleich viel ist; die Christ-brüderliche Liebe muß ihm versaget werden. Hergegen finde ich/ daß der Author der Disputation viel resoluter ist/ und es dem Augustino gleichsam verdenckt/ daß er so freymüthig bekennet/ daß es ihm schwer gefallen sey; Er hält es hergegen für eine schlechte und geringe Arbeit; Ursach: Weil er auf dem festen Fuße der Heil. Schrifft stehet/ und die Warheit/ wie es sich gebühret/ bekennet.

§. II.

So viel ich der Sachen nachdencken kan/ wie es zugehen müsse/ daß er seiner Meinung nach/ so viel glücklicher ist/ als der fürtreffliche alte Kirchenlehrer/ oder auch der betagte/ grundgelehrte Calixtus; finde
ich

ich anders nichts/ als daß es daher kommen müsse/ weil sie nicht mit einander in eine Schule gegangen/ auf einerley Universitäten studiret/ und einerley Principia co-infallibilia gefaßt haben. Diese gute Leute hielten/ und halten sich allein an die Infallibilität des Göttlichen Worts/ und darinn funden sie nichts positivement determinirtes/ von dieser Materie; Die Clericats-maximen waren/ und seynd ihnen/ wo nicht gantz unbekant/ doch gantz unanständig/ nach welchē man auf den festen Fuße der H. Schrifft stehen/ und die Warheit der Gebühr nach erkennen und bekennen kan; Oder deutlicher: Nach welchen man positive sagen kan/dieses oder jenes ist der rechte und warhaffte Verstand des göttlichen Wortes / und deßwegen muß dieses oder jenes ein fundamental-Articul seyn; und wer diesen fundamental-Articul nicht/ als Gottes Wort selbsten/ annimt/ und blind hin/ ohne weitere Untersuchung/ glaubet/der muß für einen Ketzer/ und für keinen Bruder in Christo / gehalten werden. Denn hierauf bestehet der Grund der Neben-Infallibilität/ welche/ durch die drauf gegründete und von Jugend an/beygebrachte Information, den fürgefaßten Wahn gebiehret; nemlich/ man müsse die also erkente/ oder vielmehr eingebildete Warheit / qvovis modo, (auf allerhand Art und Weise/ mit Warheit und Unwarheit/ u. s. w.) vertheidigen. Nun wollen wir sehen/ was der Author thut; Er verwirfft aller Dissentirenden/ insonderheit der Römisch-Catholischen Kirchen/von den Ketzern habende Meinungen/

als

als falsch / und dem von ihm auffrichtig erkanten Worte Gottes diametraliter widerstrebend. Dieses/ und zuförderst das letzte/ zu beweisen/ allegirt er eine weitläufftige Beschreibung derer/ so die Römisch-Catholische Kirche für Ketzer hält/ und welche/ seiner Anzeigung nach/ von dem Gerhardo aus einigen ihrer Scribenten zusammen gesucht worden.

§. 12.

Einmahl ist gewiß/ daß/ nach den Römisch-Catholischen bekanten Clericats-maximen/ derjenige ein Ketzer seyn soll/ welcher nicht alles/ was die Römisch-Catholische Kirche/ und ihr Haupt der Pabst / setzet und verordnet/ eben so fest glaubet/ als Gottes Wort selbst; Einen solchen meiden sie/ als einen Ketzer; Sie versagen ihm die Christ-brüderliche Liebe; Sie hassen/ verfolgen/ peinigen/ martern und tödten ihn; Ja sie stürtzen ihn/ so viel an ihnen/ gar in den Abgrund der Höllen.

§. 13.

Diesem nach erhellet ferner / daß Calixtus den Grund der Ketzerey setzet auf die positive Verleugnung eines Articuls des Apostolischen Glaubens/ als eines bekanten/ und von allen Christen angenommenen Symboli, worzu er noch einige andere schrifftmäßige und mit dem Authore einstimmige Reqvisita erfordert.

§. 14.

Der Author aber/ so viel ich begreiffen kan/ gründet sich

bet sich auf den kurtzen Spruch des Ap. 1. Johannis 2. v. 19. E nobis egressi sunt; (sie seynd von uns ausgegangen.) dañ alles/was er weiter aus andern Sprüchen der Heil. Schrifft darzu thut/ stimmet mit des Calixti erst-bedeuteten Reqvisitis allerdings überein. Wer den Innhalt des gantzen Capitels wohl erweget/ wird leicht ermessen/ daß darinnen fast nichts de credendis, sondern nur de agendis gehandelt werde; (fast nichts von dem/was man glauben/sondern was man thun solle:) Ingleichen/daß in den kurtzvorhergehenden Worten dahin gezielet wird/daß die Christen nicht die Welt/ (des Fleisches Lust/ Augen-Lust und hoffärtiges Leben) sondern Gott/ und Gott/ in ihren Mit-Christen/lieben/und also den Willen Gottes thun solten/ von den jenigen/ die dieses thun/ und beständig darbey bleiben/ sagt der Apostel: Sie bleiben bey uns; die aber nicht beständig daben bleiben/ seynd von uns ausgegangen. Ich sehe also nicht/wie der Author die Beschreibung eines Ketzers auf diesen Spruch gründen könne./ weil dergestalt alle Weltergebene/ ruchlose Leute Ketzer seyn müsten.

§. 15.

Ich muß deßwegen auß den vor- und nachgehenden/sonderlich aus der Enumeration der Ketzer/ (p. 130.) muthmassen/ er habe sein fürnehmstes Absehen auf die domahlige Zeit und gewisse Umbstände gerichtet/ welches der gantze Innhalt der Approbation-schrifft: (p. 131.) Tempori inserviendum esse; bestärcket/ daß nemlich einige von den ihrigen selbst/etwas favorabler von

von den Römisch-Catholischen und Reformirten Kirchen/ zu schreiben begonnen/ als ob ihnen zu viel geschehe/ wann man ihnen so viel Gottes-lästerliche Lehren auffbürdet; und also anfiengen von der ihnen gebührenden Christ-brüderlichen Verträglichkeit zu buchstabiren; Einige aber gar von ihrer Partey ab= und zu diesen traten; andere sich mit ihnen verehlich= ten. Diesem höchst=schädlichen Unheile und grausa= men Risse/ in ihre Glaubens=Kette/ fürzubeugen/ musten sie/ absonderlich aber die Reformirten (die er mit dem unanständigen/ und mehr als hundert tau= send Millionen mahl/ verworffenen heillosen Nah= men der Calvinianer zu nennen beliebt) die allerärg= sten Ketzer seyn. Auf seiner Cathedre kan er sie nen= nen/ wie er will; solte er aber einen Reformirten ins Gesicht einen Calvinianer nennen/ so muß er eine Haar= buiche mit ihm wagen: Ich zweiffele auch sehr/ daß er oder ein ander/ sich würde einen Lutheraner nennen dürffen/ wann er wüste/ daß der liebe selige Mann ihn wegen Hindansetzung seiner Warnung/ und Verbots straffen könte; Solte er aber nicht dermahleins gegen euch Lutheraner auftreten/ euch anklagen/ und euer Urtheil anhören dürffen?

§. 16.

Daß die Reformirte die ärgste Ketzer wären/ muste erwiesen werden. Die ordentliche von Christl. und gottseligen Lehrern gebrauchte Wege des Be= weißthumbs ermangelten; deßwegen nahm er eine piam fraudem zu Hülffe/ und erzwang aus der Appli-

K 2 cation

c tion des obgemeldten Spruchs / eine Beschreibung eines Ketzers/ die sich zur Sache so wohl/ als zur Zeit schickete. Ein Spruch der Heil. Schrifft wird von den nicht allzuweit nachdenckenden vor ein unleugbaren Beweißthum gehalten/ und ohne Unterscheid/ er binde oder binde nicht/ vor bekant angenommen/ wann er nur sein dreuste appliciret wird; dergestalt redete jener seine Gemeine/ aus dem 23. v. 4. Psalm/ es wären auch Bienstöcke zu Nain gewesen. Er sagt: Hæreticus homo, qui è nobis egressus; (derjenige ist ein Ketzer/ der von uns ausgegangen ist) er bringt es recht artig heraus/ wer es ansieht/ soll und muß gedencken/ der Apostel wolle damit sagen/ derjenige müsse ein Ketzer seyn/ der von ihnen/ das ist/ ihrer rein-Lutherischen/ in der Formula Concordiæ gegründeten Kirche/ ausgegangen; Oder deutlicher; Der die Formulam Concordiæ nicht eben so wahr hält/als Gottes Wort selbst/ weil darinnen die fundamental-Articul der göttlichen Warheit enthalten seynd. Allhier scheinet es/ daß er/ über vorige/ noch eine piam fraudem anbringt/ nemlich daß er der Römisch-Catholischen Kirchen Beschreibung eines Ketzers deßwegen so weitläufftig anführet und fürstellet / damit man nicht so gleich auf die erste sieben oder acht Worte (als darin der rechte Kern bestehet; der nicht in allen und jeden des Pabsts Geboten Gehorsam leistet) so genau reflectire/ und also fort mercke/ daß die seinige/ auf eben den Clericats-gründen bestehe ; nemlich/ auf der Versicherung/ daß die/ durch

die

die Collectores der Formulæ Concordiæ zusammen gesetzte Auslegungen/eben so infallible gehalten werden müssen/ als die jenige/ welche die Römisch-Catholische Kirche/und ihr Haupt der Pabst/ in dem Concilio Tridentino gesetzt und geordnet haben.

§. 17.

Diesen Clericats-maximen zu folge/ müssen die Reformirten Kirchen (p. 132) an allermeisten herhalten; Ursach: Sie seind ihnen am nechsten; sie stechen ihnen den Clericats- den Infallibilitäts- Schwär/am rechten Orte auff; Gleichwie die Römisch-Catholische eben deßwegen den gesambten Protestirenden am allergefährlichsten seind; Die Juden werden bey weiten nicht so sehr von ihnen gehasset und gemieden/ sondern ganz und ohne Widerrede geduldet. In summa; Die Reformirten müssen viel schlimmer seyn/ als die Römisch-Catholische/ auch noch schwärtzer als die Socinianer/ u. s. w. die seind nur schlecht weg schwartz/ (hi nigri sunt, hos Lutherane caveto) von jenen aber sagt er: Ihr Geist ist durch-aus schwartz/ (Spiritus Calvinianus perniger est) er darff sie gleichwohl nicht beschuldigen/ daß sie einen fundamental-Articul leugnen; sondern alles / was er sagen kan/ ist / daß sie bey den Glaubens-Articuln hefftige Irrthümer hegen; (enormiter circa fundamenta Salutis errant) Hiernechst beschuldiget er einen hie/den andern da / in particulari; Am allermeisten aber einige Niederländer/wegen harter/und/seiner Fürstellung nach/ gottesläfterlicher Redens-Arten / worinn er ihnen

aber

aber nicht weher thut/als etwan die meleseriati (übelgesinnte) Römisch-Catholische / und in specie der vorbemeldte D. Fromm den Protestirenden ingesamt/ absonderlich aber dem Christlichen und Seligen Luthero, mit ihren gifftigen Lästermäulern oder Federn gethan haben/ und fürders thun werden.

§. 18.

Er beschulbiget ferner alle Reformirte Kirchen gotteslästerlicher und verteuffelter Weise (es seind seine Worte) einer unerhörten Catechisation, mit der allerschwärtzesten Unwarheit / die der Satan nicht ärger erdencken könte; Mit einer solchen grausamen Unwarheit/ sage ich nochmals/ und solchen verzweiffelten Worten/ darüber auch seiner Christlichen Glaubens-Bekäntnüs-Genossen selbsten erschrecken/ und ihn offentlich derselben überzeugen. Ich wolte es gerne dabey lassen/ und alhier nichts wiederholen/ wann ich nicht befahren müste/ daß die Infallibilitäts-Vertheidiger einen oder andern Christlich- gesinneten/ der dieses lieset/ und das hier erwehnte nicht zugleich bey der Hand hat/ wohl bereden dürffte/ es „ wäre dergleichen nicht geschehen. Es beliebt ihm „ zusagen: Es kan auch ohne der grausamsten Ent-„ setzung und Bewegung des Gemüths von einem „ Christen nicht angehöret werden / daß ihre (der „ Calvinianer) Catechumeni (die den Catechismum „ lernen/ oder die im Christenthum unterwiesen wer-„ den) in der gnungsam deformirten (ungestalten abscheulichen) Kirche zubekennen gezwungen werden;

diß

„ diß ist unser einiger Trost im Leben und im Sterben/
„ daß ich nicht glauben darff/ daß Christus für mich
„ gestorben sey: Ist das nicht ein schöner Catechismus
„ zu Unterrichtung eines Christen/ der von der Got:
„ teslästerung und Lügen anfängt! Der Herr schel:
„ te dich/ du Satan! Wir/ die wir eines bessern von
„ dem heiligen Apostel unterrichtet seind/ folgen seiner
„ Lehre/ und sprechen mit gutem Recht von dem Cal:
„ vinianischen Geiste: dieser ist durch=aus schwartz/
„ den solst du Lutheraner fliehen und meiden. So
weit der Author. Er hat hören läuten/ aber nicht zusammen
schlagen; Der Reformirten Catechißmus
lautet also: Mein einiger Trost im Leben und im
Sterben ist/ daß ich nicht mein/ sondern meines getreuen
Heilandes Jesu Christi eigen bin/ der mit seinem
theuren Blut für alle meine Sünde vollkömlich
bezahlet/ und mich aus aller Gewalt des Teuffels erlöset
hat/ und also bewahret/ daß ohne den Willen
meines Vaters im Himmel kein Haar von meinem
Haupt fallen kan/ ja auch mir alles zu meiner Seligkeit
dienen muß; Darumb er mich auch durch seinen
heiligen Geist des ewigen Lebens versichert/ und
ihm forthin zu leben von hertzen willig und bereit
machet.

§. 19.

Wie reimet sich das nun zusammen? Ich kan mit
Warheit sagen/ daß ich ein hertzlich Mitleiden mit
diesem verhoffentlich guten Menschen haben/ und
diesen grausamen Excels der unglücklichen/ aus der

Infallibi-

Infallibilisten Catechismo gefaßten Lehre/ einig und allein zuschreiben muß/ inmassen darinnen dieser/ oder
„ dergleichen Satz gefunden werden mag: Das ist
„ unser einiger Trost/ im Leben und im Sterben/ daß
„ ich eben nicht gehalten bin/ etwas warhafftiges zu
„ reden/ und daß ich ungescheut und ungestrafft lügen
„ darff; Und deßwegen wird auch billich von aller Infallibilisten Geiste gesagt: Dieser ist der allerschwärtzeste/ den solst du/ lieber Christ/ ärger fliehen und meiden/ als den Teufel selbst! Aus eben diesem Catechismo ist auch die oben allbereit erwehnte/ so sehr verseumte Allegation der Sprüche der heiligen Schrifft/ und zwart hier/ aus der 2. Epistel Petri cap. 1 v. 7. (p. 135.) genommen/ damit er der so sehr gefährlichen brüderlichen Toleranz, nach eusersten Vermögen fürbeugen/ und verhindern will/ daß sie ja nicht statt finden möge; In welchem Spruche der Apostel den Unterscheid zwischen der gemeinen und Christbrüderlichen Liebe zeiget.

§. 20.

Damit er aber seinen Zweck umb so viel desto besser erreiche/ so muß der gottselige Lutherus und der übelgerathene Jac. Andreæ in einer Parallele stehen/ und ihme zum Exempel dienen; wiewohl zu schlechtem Nachruhm des ersten/ indem er mehr Ursach gehabt hätte/ des seligen wohl- und hochverdienten Mannes begangenen Übereilungs-Fehler möglichst zu bedecken; Sintemahl ein Kind begreiffen kan/ daß der Apostel die Liebe deßwegen in die gemeine und

brüder-

brüderliche unterschieden / damit die Christen wissen möchten / daß sie auch den Ketzern / den Heiden / den Götzendienern / unter denen sie leben musten / die gemeine; den Brüdern / den Mit-Christen aber / allen und jeden / ob sie schon unterschiedliche Meynungen haben / in der Gottseligkeit / brüderliche Liebe erzeigen solten; dann er wuste / aus der selbst eignen Erfahrung / sehr wohl / daß die Christen / wie oben schon gemeldet / domahls schon nicht einerley Meynung hatten oder haben konten; und gleichwohl will er / daß sie alle mit brüderlicher Liebe einander begegnen; den Heyden und Ketzern aber die gemeine Liebe nicht versagen / viel weniger dieselben mit Feindschafft / Haß und Neid verfolgen / oder mit falsch-erdichteten Auflagen belegen sollen.

§. 21.

Nunmehr werde ich zur Gnüge erwiesen haben / daß der fürgefaste Wahn allerdings capabel sey / vielerley schädliche Früchte auch biß zu den grössesten Extremitäten herfür zu bringen; Wormit ich verhoffentlich keinem zu nahe getreten / sondern beständig beflissen gewesen bin / die Warheit / wie ich sie begreiffe / und bey diesen sorglichen Zeiten andern fürzustellen nöthig erachte / anzuzeigen; GOtt von Hertzen bittend / er wolle durch seines Geistes Krafft nicht allein den Verstand des Authoris, sondern aller andern dergestalt præoccupirten rein-Lutherischen Evangelischen Christen-Gemüther erleuchten / damit sie / den unreinen Quell der verderbten Vernunfft / nicht mehr /

wie

wie bißher/ aus der Reformirt-gebliebenen Kirchen Christlichen Glaubens-Bekäntnissen/ durch Sophistische Folgereyen heraus qvarcken/ und pressen/ sondern an dem rechten Orte/ nemlich der Geld-Ehr- und Regier-sucht einiger irrdisch-gesinnten unglücklichen Infallibilitäts-Stiffter/ und daneben finden mögen/ daß die eingebildete Infallibilität ihrer Vorfahren/ den Grund des wahren Christenthums/ die Christl. Liebe/ die Warheit/ die Sanfftmuth/ u. s. w. mit ihren Unflat sehr befleckt/ und dergestalt besudelt hat/ daß sie ihre Mit-Christen zur höchsten Ungebühr beschuldigen/ daß die von ihrer Neben-Infallibilität
„ ausgehende/ und zu den Reformirt-gebliebenen tre-
„ tende/ einen grossen Fall gethan/ und zugleich/ mit
„ dem reinē Lutherthume/ die Reinigkeit des (Christ-
„ lichen) Glaubens verlassen; Eine solche Glaubens-
„ Lehre angenommen/ welche den allerboßhafftesten/
„ schädlichsten Ketzern/ Socinianern, Arianern, ja auch
„ den Jüden/ Türcken und Heyden favorisire/ und die
„ höchsten Grund-Articul zu untergraben / und zu
„ sprengen Gelegenheit gebe; daß sie sich selbst alles
„ Evangelischen Trostes beraubten/ und kein Erqvi-
„ ckungs-Tröpfflein/ mit gutem Grunde einzuflößen
„ vermöchten/ daß der böse Feind sie ins Verderben
„ gestürtzet habe; daß ihr Hertz nicht mehr mit dem
„ GOTT ihrer Väter sey / weil sie Astharoth und
„ Milkon (oder gar dem Teuffel) folgen/ u. s. w. Die Haare stehen mir zu Berge/ indem ich dieses nachschreibe/ und zugleich bedencke/ daß solche Gedancken

bey

bey einem/ in dem Evangelischen Christenthumb unterrichteten Gemüth entstehen könne; da doch die bißherige Erfahrung gnugsam bezeuget/ daß solcher Welt-bekanten und künstlichen Begünstigungen halber noch keiner wieder umbgekehret; auch anders nichts drauf erfolget ist/ als daß die frommen Christlichen nahen Anverwandten und gute Freunde (welche dieses alles/ was ihre hochgelehrte Controversien-Schreiber ihnen fürlegen / auf Treu und Glauben annehmen) in das grösseste Hertzeleid/biß zur Desperation selbst/ gesetzet worden. Indessen aber werde ich dardurch/ in der obgedachten Meynunge/ von dem fürgefaßten Wahne/ mercklich und so viel desto mehr bestärcket/ weil ich sehe/daß dergleichen Worte/ aus solcher Leute Federn fliessen/ welche den ietzigen weit-aussehenden Pietäts-Verfolgungen unterworffen seynd/ und nur deßwegen angefeindet/ und an ihren Beförderungen verhindert werden wollen/ weil sie beflissen seynd/ auch ausserhalb den ordentlichen/ und offtmahls mit ziemlicher Nachläßigkeit verrichteten/ oder auch mit vielen Passionen/ und wenig-erbaulichen Controversien (theils die Hochgelehrtheit/ theils die Freude zu bezeugen/ daß man ungestrafft offentlich von der Cantzel sagen darff: Die Calvinisten seynd ärger als der Teufel selbst) angefüllten Predigten/ sich uñ andere/in der Betrachtung der Christlichen Tugenden/ der Liebe/ der Sanfftmuth/ u. s. w. zu erbauen/und zum Gottesgelassenen Sitten-Leben aufzumuntern uñ anzufrischen /welches vielleicht unnöthig

nöthig geachtet worden/ und nicht geschehen wäre/ wann in allen Predigten etwas mehr davon gehöret/ die schuldige privat-Admonition und Unterweisung so wohl/ als die guten Exempel/ beobachtet worden wäre. Nun der Gott/ der diesen Præoccupirten/ aus der Verfolgung gnädig heraus geholffen/ wird ihm/ und allen andern ferner Gnade erweisen/ auch zu der/ ihm beliebigen Zeit/ die Augen öffnen/ daß sie erkennen/ daß ihm kein Dienst darmit geschiehet/ wann man seinen unschuldigen Mit-Christen mit Unwarheit und falschen Auflagen beschweret/ und deßwegen verketzert und verdammet/ weil er GOttes Wort nicht eben so/ wie sie/ ausleget; Ja/ daß ihm vielmehr damit gedienet ist/ wann man sich der Warheit/ der Liebe/ u. s. w. befleisset/ und ihm die Ehre/ und der gantzen Christenheit zuerkennen/giebt/ daß man schuldig sey/ eben solche friedliebende Meynunge von seinen Mit-Christen/und absonderlich von den Reformirt-gebliebenen/ zu haben/ als man selber gerne sehen solle/ daß man jenerseits haben möchte.

§. 22.

Zum andern bitte ich Gott/ er wolle die Hertzen der hohen Christlichen Häupter/ den Wasserquellen gleich/ leiten und führen/ daß sie den unzeitigen Geld- und Ehr-süchtigen Eyferern Weisung thun/ und sie dahin halten mögen/ daß sie/ in den gebührenden Schrancken der Christlichen Liebes-Bezeugung/ gegen ihre dissentirende Mit-Christen bleiben/ und dem bösem Feinde nicht länger die Lust machen dürffen/ daß

daß er seine Legionen in ihre/ zur Information der Christlichen Jugend gestifftete Klöster/Schulen und Universitäten/ absende/ und sie/ zu Bezeugung seiner und ihrer Freude/ über die eyferigen Impressiones der/ auf seinem Mist gewachsenen faulen Schwäme/ der Unwarheit/des Hasses/des Neides/der Verketzerung und Verdammung ihrer unschuldigen Mit=Christen/ auf den Simsen herumb tantzen lasse. Es wird zwar etwas hart halten/weil sie sich hefftig wehren/und die Unruhe ihrer zarten Gewissen sehr beweglich anführen/ auch so lange sich dahinter verstecken werden/biß das Oportet dazu kom̃t; und alsdann ist es in einem Augenblick beruhiget. Der Anfang ist/ vermittelst Göttlicher Gnade/ durch die unvermuthete zu der hohen Landes=Obrigkeit unsterblichen Nachruhm gereichende Confiscation der Historiæ Syncretisticæ gemacht/ wie der oben angezogene Philalethes in D. Hildebrands Verthädigung p. 66. bezeuget; wobey noch dieses zu mercken/ daß der Author dieses grossen Wercks/mit grossen Hertzeleid vernommen/daß es in seiner Geburth ersticket werden solte/ weil er/ sonder Zweiffel/ in seinem hohen Alter/ diese grosse Mühe/ nur zu dem Ende/ genommen hatte/ damit er seinen Nahmen dadurch unsterblich machen möchte; Als er aber sahe/daß alle bittliche und Gewissens=bedrohliche Instantien umbsonst und vergebens waren/ hat er sich über diese Frage hin und wieder Rechtens erholet: Ob die hohe Obrigkeit befugt wäre/ dergleichen Theologische und der allein seligmachenden Religion

ligion so viel importirende Schrifften dergestalt zu supprimiren? Nachdem er aber von keiner Theologischen Facultät/ oder auch gantzem Collegio Ecclesiastico, eine gefällige Antwort bekommen können/ ließ er die separirte und etwas ungleich lautende Responsa etzlicher Prediger/ mit noch einigem Alten/ seiner Intention favorisirenden Theologischen Bedencken zu seinem Troste/ in offentlichen Druck bringen. Ein eben so gesinnter Author publicirte Anno 1684. der Reformirten Kirchē (aller/ aller/ in der Christenheit) Glaubens-Bekäntniß von der göttlichen Gnadenwahl/ unter einem sehr heiligen Scheine/ auffs Gotteslästerlichste; Als ihm nun hierauf Anno 1686. der Unfug seines freveln Unternehmens vernünfftig/ und nachdrücklich gewiesen/ diese Weisung aber/ von ihm/ gantz unvernünfftig und liederlich aus dem Catechismo Infallibilistico beantwortet wurde/ hat man gleichfalls wahrgenommen/ daß solche Antwort nur gar wenige Zeit herumb geschlichen/ und gar bald/ sonder Zweiffel/ auf dergleichen höchst-rühmliche Verordnung/ gantz unsichtbar worden ist.

Das IV. Capitel.

Ob/ und wie es müglich sey/ daß die Christlich- und geistlich-gesinnte/ denen dreyen/ im Römischen Reiche verstatteten Glaubens-Bekäntnissen zugethane gläubige Seelen samt und sonders/ GOtt angenehm seyn/ und der ewigen Seligkeit theilhafftig werden können.

Innhalt.

Innhalt.

§. 1. Die Frage Ob? wird affirmative resolviret. §. 2. Warumb die Frage/ Wie/ nicht alsofort bey den Friedens-Tractaten ausgemachet worden? §. 3. Dieselbe Frage soll in dem streitigsten Puncte vom Heil. Nachtmahl erleutert werden. §. 4. Alle drey Partheyen erweisen ihre/wiewol sehr unterschiedliche/Meynungen vom heiligen Nachtmahl aus den Testaments-Worten selbst. §. 5. Der Römisch-Catholischen; §. 6. Der gesambten Reformirten Kirchen / bey Ubergabe der Augspurgischen Confession; §. 7. Derer/ die sich hernach Lutherisch nennen müssen; §. 8. Ingleichen der Reformirt-gebliebenen Kirchen Auslegung oder Meynung von dem heiligen Abendmahl. §. 9. Diese drey Meynungen seynd sehr different, und bestehet dennoch / ein jeder geist- und Christlich-gesinnter/ bey der seinigen / mit fester Versicherung der Erlangung der Seligkeit bey derselben. §. 10. In welchen Schrancken ein dergleichen gesinnter Römisch-Catholischer; §. 11. Item

Item ein Lutherischer; §. 12. Item ein Reformirter sich halten könne und müsse/ damit er der Seligkeit dabey versichert sey. §. 13. Der Geistlichen Mittwürckung kan diesen Zweck mercklich befördern/ und seynd derselben zweyerley Arten. §. 14. Beschreibung der geistlich-gesinnten; §. 15. Item der irrdisch-gesinnten. §. 16. Bedingung bey allen drey Partheyen.

§. I.

Weil die Frage/ Ob? über die nothwendige Præsumtion, aus dem Instrumento Pacis, in dem vorhergehenden ihre Erledigung allbereit findet/ indem daselbst deutlich fürgestellet worden; Erstlich/ daß nur eine allein-seligmachende Christl. Religion sey; Zum andern/ daß weder die Römisch-Catholische/ noch die Lutherische/ noch die Reformirte Kirchen eine an sich selbst unterschiedene Religion machẽ/ sondern nur unterschiedliche Glaubens-Bekäntnisse von der einigen allein seligmachenden Christlichen Religion haben; Zum dritten/ daß der Grund des Unterschiedes dieser drey Glaubens-Bekäntnisse/ theils auf der fürsätzlichen Boßheit etzlicher Geld- Ehr- und Regier-süchtiger Infallibilitäts-Stiffter/ theils auf der Schwachheit ihrer/ mit dem præoccupirten Wahn eingenommener Nachfolger bestehe; Zum vierdten/ daß dennoch der allgemeine Grund des

des Apostolischen Glaubens/ als der kürtzeste Auszug der allein seligmachenden göttlichen Warheit/ bey allen dreyen beständig bleibe; So will ich/ mit andern rechtschaffenen Christen/ diese Meynung von den beyden herrlichen Eigenschafften/ der unendlichen Barmhertzigkeit/ und der/ einmahl vollkömlich vergnügten/ Gerechtigkeit Gottes haben/ daß eine im Nahmen der heiligen Drey=Einigkeit getauffte/ zu den Apostolischen Glauben/ in Einfalt/ sich bekennende/ und auf Christi theures Verdienst/ vermittelst eines beständigen Fürsatzes/ in einen Christlichen Leben und Wandel zu verharren/ sich gründende Seele/ deßwegen nicht verstoßen werden wird/ weil sie sich in einer Gemeinde befindet/ die noch über den obgemeldten Apostolischen Glauben/ eine Neben=Infallibilität anzunehmen/ und dieselbe/ eben so feste/ als GOttes Wort/ zu glauben beredet ist; Und hiermit wird die obgemeldte Frage gnugsam erlediget/ und deßwegen nur von der Art und Weise/ wie es müglich/ daß es geschehen könne/ zu reden seyn.

§. 2.

Wann alsofort bey währenden Friedens=Tractaten diese Arbeit gewissen/ den zen verstatteten Glaubens=Lehren zugethanen/ geistlichen und weltlichen Deputirten wäre aufgetragen/ und der allgemein beliebige Schluß dem Instrumento Pacis beygefüget worden/ so würde dadurch der gantzen Christenheit nicht allein/ sondern auch dem Ruh= und Wohlstande des Heil. Röm. Reichs mercklich seyn gerathen worden.

den. Wie nun an der Fürsichtigkeit der hohen Paciscenten nicht zu zweiffeln; Also ist leicht zu erachten/ daß sie sich befahren müssen/ daß die darbey einlauffende Clericats-maximen/ welche den Dissentirenden nicht das geringste bißgen/ geschweige die gantze Seligkeit gönnen/ den Friedens-Schluß mercklich würden gehindert/ wo nicht/ wie oben allbereit angemerckt worden/ gantz aufgehoben haben. Indessen wird mir vergönnet seyn/ meine darbey habende Gedancken/ wie bey dem vorhergehenden/ in Christlicher Einfalt/ zu anderer mehr erleuchteter Verbesserung/ allhier kürtzlich zu entdecken.

§. 3.

Ich will auch/ eben dieser Kürtze halber/ nur den wichtigsten und bißher/ mehr als zu viel/ Weitläufftigkeit und Streit veranlassenden Punct vom Heil. Nachtmahl/ zur Hand nehmen/ (nicht zweiffelnd/ es werden fromme Christliche Hertzen hieraus leichtlich von den übrigen streitigen Puncten urtheilen koñen;) und erstlich zeigen/ worinnen die unterschiedene Meynungen über denselben Punct bestehen/ weil ein jeder die seinige aus einem Grunde/ nemlich aus den Testaments- und also Christi selbst eigenen Worten/ zu beweisen vermeynet: Hernach wil ich meine Gedanckē/ die ich wegen eines jeden sich selbst festiglich versichernden Seligkeit habe/ offenhertzig/ und nach dem Dictamine der Christ-brüderlichen Liebe/ eröffnen. Die Testaments-Worte lauten also: Christus nahm das Brot/ dancket/ uñ brachs/ und gabs seinen Jüngern/

gern/ und sprach: Nehmet/ esset/ das ist mein Leib/ der für euch gegeben wird/ solches thut zu meiner Gedächtniß; Desselben gleichen nahm er auch den Kelch/ nach dem Abendmahl/ dancket und gab ihnen den/ und sprach: Nehmet hin/ und trincket alle daraus/ dieser Kelch ist das Neue Testament in meinem Blut/ das für euch vergossen wird/ zur Vergebung der Sünden/ solches thut/ so offt ihrs trincket/ zu meiner Gedächtniß.

§. 4.

Diese Worte/ wie sie in der H. Schrifft stehen/ und hier zulesen seynd/ werden von obgedachten drey Partheyen (oder Rotten/ mit Paulo) ohne Widerspruch angenommen/ geglaubt/ und zum Beweißthum ihrer Meynungen oder Auslegungen angeführt; Sie seynd auch an sich selbst deutlich und klar/ und würden keinen Unterscheid machen/ wann sie/ mit der ersten Kirchen/ in aller Einfalt angenommen/ und ohne fernere infallible Auslegung der allzu hoch gelehrten irrdisch-gesinnten geglaubt würden.

§. 5.

Es hat die Römische Clerisey/ unter des Pabsts Authorität/ diese Worte folgender Gestalt ausgeleget/ und solche Auslegungen den gesambten Christlichen Kirchen noch zuletzt/ in dem Concilio Tridentino, sub Anathemate zuglauben anbefohlen: Wir glauben/ daß bey der Handlung des Amts der heiligen Messe das vorhandene Brot/ und der Wein/ in den selbständigen Leib und Blut des HErrn Christi beständig

ständig verwandelt werde/ und bleibe; daß das also verwandelte Brot und Wein/ weil es Christus selbst geworden ist/ müsse angebetet werden; daß das Brot/ welches Christus ist/ von den Geistlichen und Läyen ohne Unterscheid/ sie seyen würdig oder unwürdig/ gegessen/ der Kelch aber von den Geistlichen alleine (ausser den gekrönten Häuptern/ wiewohl auch nur ein einig mahl/ nemlich nach geschehener Krönung) müsse getruncken werden; Und was dergleichen mehr ist.

§. 6.

Diese Auslegung ward durch die seligen Reformatores A̕o. 1530. in der übergebenen Augspurgischen Confession folgender gestalt reformiret/ und in den Reformirten Kirchen angenommen: Wir glauben/ daß wir/ wann uns Brot und Wein bey der Handlung des heiligen Abendmahls zu essen und zu trincken dargereichet wird/ zugleich/ unter der Gestalt des Brots und Weins/ den warhafftig gegenwärtigen Leib und Blut Christi nehmen und empfangen. Dann also lautet der X. Articul derselben Confession von dem Abendmahl: Vom Abendmahl des HErrn wird also gelehret/ daß der wahre Leib und Blut Christi/ warhafftig unter der Gestalt des Brots und Weins/ im Abendmahl gegenwärtig sey/ und da ausgetheilet und genommen werde; Deßhalben wird auch die Gegen-Lehre verworffen.

§. 7.

Die Herren Collectores der Formulæ Concordiæ, die

die hernach ihre Kirchen (wie oben erwiesen ist) Lutherisch nennen musten/ waren damit nicht zufrieden/ sondern vermehrten und verbesserten dieselbe/ in dem Anno 1580. und folgends publicirten Exemplarien/ nemlich: Wir glauben/ daß wir/ wann uns Brot und Wein/ bey dem Amt des Sacraments des Altars/ zu essen und zu trincken dargereichet wird/ zugleich mit dem Munde in mit= und unter dem Brot/ warhafftig empfangen den gegenwärtigen Leib und Blut JEsu Christi/ wir mögen würdig oder unwürdig hinzu gehen.

§. 8.

Die Reformirt=bleibende Kirchen/ damit sie ihre Meynung über dasjenige/ was in der Augspurgischē Confession enthalten war/ den Lutherischen Kirchen/ auf Veranlassung des ietztgemeldten Zusatzes/ etwas deutlicher zu verstehen geben konten/ wiewohl sie lieber bey der ersten Einfalt der Augspurgischen Confession geblieben wären/ explicirten sich folgender massen: Wir glauben/ daß wir/ wann uns das zum Trost= Lieb= und Danck=Gedächtniß eingesetzte Brot und Wein/ bey der Handlung des H. Abendmahls zu essen und zu trincken dargereichet wird/ dasselbe dargereichte Brod und Wein/ als ein Sacramentl. bezeichendes und versiegelndes Gut/ mit dem Munde essen und trincken/ ohne Ansehen der Würdigkeit/ oder Unwürdigkeit des Empfangenden; und daß unter der Gestalt des Brodts und Weins/ welches wir/ mit dem Munde/ auf eine Sacramentl. Weise essen

M 3

und

und trincken/ die Seelen der Würdigen/ durch den Glauben an das Verdienst Christi/ mit Christi gegenwärtigen wahren wesentlichen/ am Stamm des Creutzes geopfferten Leibe und vergossenem Blute/ auf eine Sacramentliche uns gantz unbegreiffliche Weise/ zum ewigen Leben gespeiset und getráncket werden.

§. 9.

Diese dreyerley Meynungen/ von dem Nachtmahl des HErrn/ seynd sehr weit entfernet/ und halten dennoch die Kirchen/ eine jede die ihrige/ den Testament-Worten gantz gemäß. Die ersten beyde behaupten/ daß sie mit den deutlichen Testament-Worten dergestalt bewiesen werden/ daß die ihrige/ als ein fundamental-Articul des Christlichen Glaubens/ bey Verlust der Seligkeit geglaubet werden müsse; Absonderlich gebrauchen sich die Lutherischen dieser Versicherung: Firmo stamus talo; Credimus, qvia Deus dixit; wir stehen auf festen Fusse/ und glauben/ weil es Gott gesagt hat / nemlich: die Würdigen und Unwürdigen essen und trincken/ in- mit und unter dem Brot und Wein/ mit dem Munde/ den gegenwärtigen Leib und Blut Christi. Wie weit nun dieser Versicherung/ nemlich/ daß Gott (nicht aber die vorgemeldte Herren Collectores) diese Worte ausgesprochen/ und der Formulæ Concordiæ einverleibet habe/ zu trauen/ will ich andern zu untersuchen anheim geben; und nunmehr/ in Ansehung der Christlich-gesinnten / von den ersten beyden in versicherter

Hoffnung

Hoffnung leben/ſie werden mit mir einig ſeyn; wegen der letzten abgenöthigten Erklärung aber/kan ich/ im Geiſte/ zu dem einigen Hertzenkündiger/ und mit dem Munde offentlich und intrepidè, auch ohne Brey im Maule zu haben/zu meinem Mit-Chriſten/nach dem Zeugniß/ daß der Heil. Geiſt in meinem Hertzen be- ſtätiget/ ſagen/ daß ich Scapham Scapham nenne/und verſichert bin/ daß ſie in Ewigkeit wider die Pforten der Höllen beſtehen werde.

§. 10.

Die in den Römiſch-Catholiſchen Kirchen er- zogene Chriſt- und geiſtlich-geſinnte wiſſen 1. nichts von den Clericats-maximen/ und machen deßwegen gar keine Reflexion darauf; Sie glauben in Chriſt- licher Einfalt/ nach den davon habenden Unterricht/ und Mitwürckung der in ihren Hertzen kräfftigen göttlichen Gnade/daß das ihnen dargereichte Weſen des Brots/ in den weſentlichen Leib Chriſti verwan- delt ſey/ und daß ſie/ vermittelſt deſſen Genieſſung/ aller der Gnaden-Gaben/ die Chriſtus/ durch ſein bitter Leiden und Sterben erworben/deſſen Gedächt- niß ſie alsdann begehen/ würcklich theilhafftig/ und der Vergebung aller ihrer Sünden unzweiffentlich verſichert werden; Sie ſeynd eyferig bemühet/ ihre Liebe gegen ihre Mit-Chriſten/durch die gute Wercke thätig zu machen/ nach der Chriſtlichen Regul: Al- les was ihr wollt/ u. ſ. w. und ſich gegen ſie/ in allen Begebenheiten ſchied- und friedlich zu betragen. Sie halten 2. dafür/ daß diejenige/ die dieſes nicht glau- ben/

ben/ in grosser Gefahr ihrer Seelen/ ja gar verloh=
ren/ seyen.

§. II.

Den Christ= und geistlich= gesinnten unter denen
Lutherischen seynd die Clericats-maximen (in Anse=
hung des fürgefaßten Wahns) ebenfalls unbekant/
und sagen demnach; Wir glauben und bekennen/ 1./
daß Christus bey der Handlung des Sacraments
des Altars gesagt: Esset und trincket/ mit dem Mun=
de/ in= mit und unter dem Brote/ und Weine/ welches
euch gereichet wird/ meinen wahren wesentlichen Leib
und Blut/ welches den Würdigen und Unwürdigen
auf eine zwar leibliche / aber doch unbegreiffliche
Weise gegenwärtig ist / und dergestalt soll gegessen
und getruncken werden: Wir glauben/ daß vermit=
telst dieses Essens und Trinckens diejenige/ die wür=
dig seynd/ eine wahre Gemeinschafft/ mit Christi
Leibe haben/ und also würckliche wesentliche Glieder
an seinem gebenedeyeten Leibe seyen / und aller der
herrlichen Früchte/ die er mit seinem Leiden und Ster=
ben ihnen erworben hat/ und dessen Gedächtniß sie
alsdann begehen/ geniessen und theilhafftig werden/
auch ewig bleiben; Die Unwürdigen aber/ essen und
trincken den Leib und das Blut Christi zum ewigen
Gerichte. 2. Daß unsere Mit= Christen/ welche sich/
in aller Einfalt/ an die Worte halten/ darbey die Ver=
wandelung eines theils zu glauben beredet seynd/ an=
ders theils die mündliche Niessung u. s. w. weder in
den Testament= Worten/ noch sonsten in der Schrifft
finden/

finden/ und hieher appliciren können/ unserer Meynung nach/ in einem mercklichen Irrthumb begriffen seyn müssen; Weil sie aber in den übrigen/ absonderlich in dem würcklichen Genoß der herrlichen Früchte dieses Sacramentlichen Essens und Trinckens/ einerley mit uns glauben/ so überlassen wir sie GOttes Barmhertzigkeit/ in der zuverläßigen Hoffnung/ sie werden ihrer Meynung eben so fest/ als wir der unsrigen/ versichert seyn/ und wider besser Wissen und Gewissen/ unserer Meynung halber/ uns nicht verdammen; in solcher Hoffnung wollen wir auch Gott hertzlich bitten/ er wolle sie durch seinen Heil. Geist vollkömmlich erleuchten/ und zur Erkäntniß unserer Warheit bringen/ worzu wir das unserige mit fleißigen und glimpfflichen Unterricht/ absonderlich aber mit erbaulichen guten Exempel unsers Christlichen Wandels/ nach der von uns erforderten Christlichen Liebe/ herbey tragen wollen.

§. 12.

Dergleichen gesinnete Reformirt=gebliebene Christen bekennen und sagen: Wir glauben I. daß Christus bey der Handlung des Sacraments des Heil. Abendmahls gesagt: Esset/ trincket/ das zum Gedächtniß meines Todes euch dargereichte Brot und Wein/ als ein Sacramentliches/ bezeichnendes und versiegelendes Gut/ mit dem Munde/ und versichert euch durch dieses Sacramentliche Essen und Trincken/ als durch gewisse unfehlbahre Siegel/ daß eure Seele gewiß und warhafftig/ mit meinem gecreutzigten/
wahren

wahren/ wesentlichen Leibe und Blute/ zum ewigen Leben/ auf eine geistliche unbegreiffliche Art und Weise gespeiset und geträncket werde; Ingleichen/ daß ihr dardurch eine wahre Gemeinschafft mit solchem meinem gecreutzigten Leibe und vergossenem Blute habt/ und warhafftige Glieder an demselben seyd und bleibet/ auch aller der herrlichen Früchte/ die ich durch mein Leiden und Sterben erworben habe/ dessen Gedächtnüß ihr alsdann feyerlich begehet/ geniesset und theilhafftig werdet. 2. Wir glauben auch/ daß unsere Mit-Christen/ die einer andern Meynung seynd/ und absonderlich die obgedachte Verwandelung oder mündliche Niessung/ ohne vorgefaßtes Neben-Absehen/ feste stellen/ und derselben nicht weniger/ als wir der geistlichen Niessung/ in ihren Gewissen versichert seynd/ sich auch/ mit uns/ aller übrigen herrlichen und kräfftigen Wirckunge des theuren Verdienstes Christi unfehlbarlich versichern/ nicht weniger als wir/ die ewige Seligkeit erlangen können und werden/ wenn sie in übrigen ein Christliches Leben und Wandel führen/ und die Liebe durch ihre gute Wercke thätig machen.

§. 13.

Nun ich zweiffele nicht/ es werde der Christlich-gesinnte Leser/ der dieses mit fleißiger Auffmerckung und ohne vorgefaßten Wahn ansehen wird/ die verlangte Art und Weise der Müglichkeit leichtlich/ und hernach auch begreiffen/ wie der bißherigen Zanck- und Streit-sucht/ den Lästern/ Verketzern und Verdammen/ zum wenigsten zwischen den letzten beyden Parthey-

Partheyen/ nachdrücklich gesteuret/ wo nicht gar abgeholffen; Hergegen die in Gottes Wort und dem Instrumento Pacis fundirte mutua Tolerantia zwischē beyden eingeführet und unterhalten werden möge/ wann von diesem/ dem Streit am allermeisten unterworffenen/ Glaubens-Articul, auf die übrigen streitigen Puncte/ wie leichtlich geschehen kan/ die Application gemachet/ und in Christlicher Friedfertigkeit allezeit das beste/ nicht aber nach Anleitung der viehischen Affecten/ das schlimmeste/ aus jeder Meynung gezogen wird. Hierzu wird aber der Herren Geistlichen/ der Lehrer und Prediger durchgehender Beyfall und hülffliche Handbietung allerdings erfordert. Diese Leute stehen an GOttes Stelle/ und vermeynen/ sie müssen allen andern Weisung thun/ von niemand aber annehmen; Unterdessen seynd sie Menschen/ und menschlichen Schwachheiten unterworffen; Dieser Schwachheiten schädliche Wirckungen haben/ wie obgemeldt/ bey den Römisch-Catholischen/ von so langer Zeit her/ sehr tieffe Wurtzeln gefasset; und seynd von den Protestirenden/ dannenher unglücklich reformiret worden/ weil sie noch eben starck unter ihnen regieren; da sie/ die Protestirende/ doch zu Behauptung des guten Grundes ihrer Reformation, den Römisch-Catholischen mit guten Exempel fürgehen/ und sie durch ihre Moderation zum Beyfall bewegen solten. Diesem ungeachtet/ haben sich vor unserer Zeit gefunden/ und finden sich noch ietzt/ viel Christl. moderate Leute unter den Römisch-

Catholischen / welche die Protestirende beschämen. Ich muß mich aber besahren/ich komme zu tieff in den Text, und dürffte mir (wie jenem wiederfahren) auch Schuld gegeben werden / ich wäre ein Tockmäuser/ ein Polypragmon; Ich bekümmere mich umb Dinge/ die mir nicht befohlen seyn; Ich grüble gantz übermüthiger Weise in der Superintendenten und Seelsorger Ambte / gleich als ob es niemand besser wüste/ u. s. w. Sintemahl ich nicht gesinnet bin/jemand fürzuschreiben / oder Ziel und Maaß zu geben; sondern wünsche nur/daß ich so glücklich seyn möchte/die Veranlassung zu machen/ daß der Sache / in der Furcht des HErrn/ weiter nachgedacht werden möge. Ich will deßwegen von aller Partheylichkeit abstrahiren/ und nur den Unterscheid/zwischen den Christlich= und irdisch=gesinnten Lehrern und Predigern / sie mögen dieser oder jener Parthey zugethan seyn/ kürtzlich/uñ in aller Einfalt/ fürstellen; und sage demnach:

§. 14.

Daß ein Christ= und geistlich=gesinnter Prediger und Seelsorger/ zuförderst ein rechtschaffener wiedergebohrner Christ seyn müsse / wie derselbe im ersten Capitel beschrieben wird; Oder: daß er in aufrichtiger Gottesgelassenheit einherzugehen / und durch sein Exempel mehr / als durch seine Predigten und Ermahnungen zu erbauen/ uñ darneben beflissen seyn müsse/ seine von Gott/ und der hohen Obrigkeit/ ihm anvertraute Gemeine/in seiner und ihrer Christlichen Glaubens=Lehre / nach den eingeführten und angenomme=

nommenen allgemeinen Libris Symbolicis, durch friedliche/ GOTT wohlgefällige Mittel und Wege/ beysammen zu halten/ und nach Gelegenheit zu vermehren/ ohne einig ander Absehen/ als GOtt und dem Nächsten treulich zu meynen/ und hertzlich zu lieben; Solte es sich begeben/ wie es offters geschicht/ daß die Obrigkeit an dem Ort/ wo er bestellet ist/ neben ihm/ noch einen oder mehr/ den übrigen/ beyderley Bekäntnissen zugethane/ Prediger und Gemeine verstatten/ und authorisiren wolte; oder aber gewisser Ursachen wegen/ dulden müste/ so befleißiget er sich dem dissentirenden Theile/ in aller Christlichen Sanfftmuth uñ Bescheidenheit zu begegnen/ und/ durch alle ersinliche freundliche liebreiche Wege/ die Seinigen (seiner Glaubens-Lehre zugethane) bey ihren Glaubens-Bekäntniß zu erhalten/ und der Dissentirenden Einwürffe/ so gründ- als glimpfflich/ mit aller Bescheidenheit/ abzulehnen/ und ihnen zugleich den Grund ihrer Bekäntniß zu zeigen; Uber diejenigen/ die sich zu einer andern/ als welcher die Obrigkeit/ und er zugethan ist/ bekennen/ masset er sich keiner Prærogativ, oder Vorzugs an/ und brauchet/ für sich/ keiner unanständigen Bothmäßigkeit in Glaubens-Sachen über sie; Er hält sie alle für Brüder in Christo/ und bemühet sich vielmehr/ sie/ mit aller Demuth/ und Sanfftmuth/ an sich zuziehen/ und sie durch sein friedfertiges erbauliches Wesen zu gewinnen. Er gebrauchet sich des Straff-Ambts auf der Cantzel so wohl/ als in der Conversation, nach der Intention des Apostels stets Pauli/ und der Obrigkeit Verordnung und Zulassung; In Austheilung der Kirchen-Aemter/ wann er etwas dazu zu sagen hat / stehet er einig und allein auf die Würdigkeit der Prætendenten/ und ihre Capacität in der Lehre und Leben. In summa: All sein Thun und Lassen ist auf die Verherrlichung der Ehre Gottes/ und die Erbauung im wahren Christenthum seiner selbst/ seiner Zuhörer/ und aller andern/ die sich Christen nennen / gerichtet; jedoch alles nach dem Maaße/ daß Gott einem ieden / in währender dieser Schwachheit/ mittheilet. An diesen Früchten erkennet man / daß ein Theologus, Lehrer und Prediger/ sich auf das warhaffte infallible Wort Gottes würcklich und alleinig gründe; und daher kan er auch erkennen/ daß die Dissentirende eben so wohl/ als er/ und seiner Confession zugethane/ auf Christum getaufft seynd; item, daß einer / wie der ander/ in der Confession, der er zugethan ist/ von den seinigen erzogen und unterwiesen worden; item, daß es nicht in seiner oder ihrer Wahl gestanden sey/ in dieser oder jener Confession erzogen zu werden; item, daß sie/ nach Christi Befehl/ die Meynung von ihren Christlichen Mitbrüdern haben sollen/ die sie von ihm erfordern / oder zum wenigsten gerne sehen / daß er die Meynung von ihm hätte; wie er sich nemlich bey der Confession, darinn er unterwiesen ist /: der ewigen Seligkeit all eben wohl versichert halte; Er bedencke und erkenne/ zum Beschluß / daß die Dissertirende Meynungen nicht in dem reinen Worte/ sondern über den Verstand

stand desselben (wegen der unterschiedlichen Ausle=
gungen und Deutungen) entstanden/ und daß der
höchste und allein weise Richter/ einig und allein/
dermaleins den Außspruch darüber thun könne und
werde/ an diesen Früchten/ an diesen Bezeugungen/
Lehre Leben und Wandel/sage ich nochmals/soll man
erkennen/ daß er seiner Seelen Seligkeit so wohl/ als
seiner Gemeine (ungeachtet aller ihnen beygebrach=
ten Neben=Infallibilitäts-Impressionen) in der allei=
nigen Infallibilität des reinen göttlichen Worts/
und in den Apostolischen Glaubens=Articuln/ suche
und finde.

§. 15.

Diesem allen seynd die vieh=und irrdisch=gesinnte
verstockte Lehrer so wohl/als dergleichen gesinnte von
ihrer Gemeinde/ in der That und contradictorie zu=
wider/ ob sie schon für andern/ der alten Schlangen
Art nach/ den eusserlichen Schein haben wollen/ daß
sie sich aller Christlicher Tugenden/ mit weit grössern
Eyfer/ als die andern befleissen; Der Warheit miß=
brauchen sie sich/ zu besserer Bedeckung ihrer Infalli-
bilitäts=Geheimnisse; Hinter der Liebe/ verstecken
sie ihre vergifftete Feindschafft; Hinter den Frieden/
ihre Zancksucht; Hinter der Demuth/ ihr stoltzes
Gemüth/ u. s. w. Sie verwerffen schlechterdings alle
andere Glaubens=Bekäntnisse/ weil ihre Neben=
Infallibilität die allein seligmachende Orthodoxia seyn
und bleiben soll; Auf Gott und ihren Nechsten ma=
chen sie keine andere Reflexion, als so fern es ihr zeit=
liches

liches Wohlseyn und drauf gegründete Infallibilität zuläßt; Sie haben nimmer Zuhörer und Beichtkinder gnug/ und vermehren nicht allein die Zahl derselben/ sondern einer versucht auch wohl gar/ ob er dem andern die seinigen entziehen könne/ biß zum offentlichen Zanck/ Streit und ärgerlicher Feindschafft; Die hohe Obrigkeit suchen sie durch allerhand List und Gewissens-Bedrohung dahin zu lencken/ daß sie die Dissentirende an zeitlicher Beförderung verhindern/ und auffs euserste verfolgen/ und/ wann es nur müglich/ gar verjagen müssen; Der Haß gegen alle Dissentirende ist dannenher unersättlich/ weil sie sich und andere bereden/ die Dissentirende erkennten zwar die Warheit ihrer Satzungen/ und ihrer fundamental-Articul; wolten aber dennoch/ aus blosser Halßstarrigkeit/ Gott nicht die Ehre geben/ und sie annehmen/ und zu ihren Hauffen treten/ und warum es am meisten zu thun ist) ihre Accidentien vermehren; und eben deßwegen müste man sie/ als verfluchte und verdammte Ketzer tractiren; Des Elenchi gebrauchen sie sich/ nach ihren Passionen/ und lassen sich von der hohen Obrigkeit darinn kein Ziel oder Maaß geben; Ist etwa ein Aemtgen/ oder ein Dienstgen auszutheilen/ so haben sie hundert Räncke/ einem hier/ dem andern dort Hoffnung darzu machen/ und Præsente von ihnen zu ertappen; Der das fetteste Opffer bringet/ ist allezeit der tüchtigste/ u. s. w. In summa/ sie wissen von keiner andern Verherrlichung der Ehre Gottes/ als die in einer prablerichten euserlichen Verherrlichung

chung ihrer Infallibilitäts-Consorten bestehet / und
daß sie nur mit ihnen eine grosse Figur in der Welt machen mögen. Ursach: Weil diese Leute sich auf die
Gelt-Ehr-und Regiersucht der vieh-und irrdisch-gesinnten Menschen gründen; und deßwegen bedencken
und erkennen sie nichts anders / als was zu erstgemeldten ihren Zweck zureichend und ihnen dienlich ist;
und gebrauchen sich aller müglichen Mittel un Wege/
Geld und Gut an sich zuziehen; All ihr Tichten und
Trachten gehet dahin / daß sie den frommen Christlichen Seelen beybringen mögen / daß sie und ihr Gebeth ein grosses zu ihrer Seelen Seligkeit beytragen
können/ und daß sie hergegen zeitliche Entgeltung dafür verdienet haben; Und diese wollen sie auch nicht
allein gutwillig erwarten / sondern sie wissen sie auch/
wann/und wo sie selber die Macht haben/oder etwan
starcke gleich-gesinnte Gehülffen finden / als eine
Schuldigkeit heraus zu pressen.

§. 16.

Womit ich schliessen/ und nur noch dieses bedingen will / daß die oberzehlte Tugenden und Untugenden allen dreyen Parteyen / ohne einige Ausnahme/
ratione Intentionis, (so viel den guten oder bösen Willen betrifft) allerdings gemein seyn können / und nur
darinn differiren/daß die letzten/nemlich die Untugen-
den/ bey einer oder der ander Parten / mehr oder weniger / durch die langwierige Gewohnheit eingeführet / und gleichsam authorisiret seynd. Hieraus wird
der Christliche Leser vernünfftig schliessen / daß ich

O das

das gute lobe/ und das böse table/ wie und wo es zu finden ist/ Jngleichen auch/ daß die ersten ihr selbst eigen und zugleich vieler andern Heil und Seligkeit befördern/ die letzte aber sich selbst ins Verderben stürtze.

Das V. Capitel.
Beantwortung dreyer Einwürffe/ wider die vorhergehende Schrifft.

Innhalt:
Der erste Einwurff/ und dessen Beantwortung.

§. I.

Dieser hat 2. membra; im ersten wird der Sufficienz der Apostolischen Glaubens-Articul widersprochen/ weil solcher Gestalt so wohl die Klöster/ als die Universitäten/ ja auch die gelehrten Patres und Doctores Theologiæ gantz unnöthig und überflüßig wären. §. 2. Zu dem/ so müste die allgemeine Glaubens-Lehre respectu der Geistlichen limitiret werden. §. 3. Im andern Membro wird angezeiget/ wie ungeräumt es sey/ daß etzliche aus allen dreyen Religionen selig werden können. §. 4. Es müste auch die bißher üblich gewesene Thesis, daß nur eine allein seligmachende discretive

scretive Religion sey/ und durch allerhand Mittel beybehalten werden müsse/ unangefochten bleiben. §. 5. In der Antwort auf das erste membrum wird der Mißbrauch der Klöster und Universitäten/ auch der gelehrten Doctorum, und ihres vermeinten Fleisses bey Imprimirung der Sophistereyen/ und §. 6. Die Hindansetzung der Ubung des wahren Christenthums gezeiget. §. 7. Dessen ungeachtet erhält GOtt noch einige grundgelehrte Christlichgesinnte Männer. §. 8. Die Antwort auf das andere membrum wird aus den vorhergehenden hergeholet/ und der Neben-Receß aus den Catechismo Infallibilistico ausgeführet. §. 9. Der bey Beantwortung des erstē Membri angemerckte Mißbrauch der Sophistischen Gelehrtheit wird auf den Unrath/ den die angewöhnte Zancksucht an vielen Orten gebiehret/ wo die unterschiedene Glaubens-Bekäntnisse authorisiret seynd/ extendiret. §. 10. Die weltliche Regier-Art schickt sich nicht zu dem Reich Christi. §. 11. Herrn D. Speners gottselige Gedancken hierüber.

Der 2. Einwurff und dessen Beantwortung.

Die Formula Concordiæ könte ohne Verletzung des schuldigen Respects gegen das Chur-Hauß Sachsen nicht improbiret werden. §. 2. In der Antwort wird gezeiget/ daß nicht der gnädigsten Verordnung/ sondern nur der hohen Einbildung der Collectorum, indem sie eine allein seligmachende discretive Religion, gleich dem Concilio Tridentino daraus erzwingen wollen/ wiedersprochen werde. §. 3. Die hohe Landes-Obrigkeit kan in Lehre und Ceremonien/ ohngeacht eines oder mehr der Geistlichen/ auch ratione Elenchi (des Straff-Ambts) disponiren.

Der 3. Einwurff und dessen Beantwortung.

Das unförmliche Unternehmen/ die mutua Tolerantiam auffs neue zu veranlassen/ will aus der gewaltthätigen Widersetzlichkeit der Römisch-Catholischen/ uñ dem Mißtrauen/ daß die rein-Lutherischen in die Reformirte gesetzt/ als ob es ihnen kein Ernst wäre/ erwiesen werden. §. 2. Die Antwort gründet sich

sich auf das gute Exempel/ das man Protestirenden theils geben könte/ uñ dem demonstrativè dargethanen Ungrund des erdichtetē Mißtrauens. §. 3. Kurtze Wiederholung und Bestätigung/ daß in allen dreyen Glaubens-Bekäntnissen die Seligkeit zu hoffen und zu erlangen sey.

Der erste Einwurff.
§. I.

WAnn erstlich ein/ im Namen der Heiligen Drey-Einigkeit getauffter/ nach denen/ im ersten Capitel fürgeschriebenen Wegen/ die Seligkeit erlangen könte; Oder/ wann er keine andere Erkäntniß oder Wissenschafft des Göttlichen Wortes und Willens zur Seligkeit nöthig hätte/ als der Haupt-Articul des Apostolischen Christlichen Glaubens/ und die Beobachtung des Befehls Christi/ was ihr wollet/ u. s. w. In übrigen aber sich an die Lehre und Ceremonien/ die bey der Gemeinde/ darunter er sich befindet/ eingeführet und authorisiret seynd/ hielte/ und keine Aergerniß gäbe; So hätte ja niemand nöthig/ Theologiam, nach der/ von so langer Zeit hergebrachten Weise/ fundamentaliter, absonderlich was die Controversien belangt/ zu studiren; Wozu dieneten die Hoch-Ehrwürdige/ aus den Klöstern und Collegiis, und von den Universitäten kommende Patres, Doctores Theologiæ, uñ andre in den Religions-Streitigkeiten

Catholischen / welche die Protestirende beschämen. Ich muß mich aber besahren/ich komme zu tieff in den Text, und dürffte mir (wie jenem wiederfahren) auch Schuld gegeben werden / ich wäre ein Tockmäuser/ ein Polypragmon; Ich bekümmere mich umb Dinge/ die mir nicht befohlen seyn; Ich grüble gantz übermüthiger Weise in der Superintendenten und Seelsorger Ambte / gleich als ob es niemand besser wüste/ u. s. w. Sintemahl ich nicht gesinnet bin/jemand fürzuschreiben/ oder Ziel und Maaß zu geben; sondern wünsche mir/daß ich so glücklich seyn möchte/die Veranlassung zu machen/ daß der Sache / in der Furcht des HErrn/ weiter nachgedacht werden möge. Ich will deßwegen von aller Partheylichkeit abstrahiren/ und nur den Unterscheid/zwischen den Christlich-und irdisch-gesinnten Lehrern und Predigern / sie mögen dieser oder jener Parthey zugethan seyn/ kürtzlich/un in aller Einfalt/ fürstellen; und sage demnach:

§. 14.

Daß ein Christ- und geistlich-gesinnter Prediger und Seelsorger/zuförderst ein rechtschaffener wiedergebohrner Christ seyn müsse / wie derselbe im ersten Capitel beschrieben wird; Oder: daß er in aufrichtiger Gottesgelassenheit einherzugehen / und durch sein Exempel mehr/ als durch seine Predigten und Ermahnungen zu erbauen/ un darneben beflissen seyn müsse/ seine von Gott/ und der hohen Obrigkeit/ ihm anvertraute Gemeine/in seiner und ihrer Christlichen Glaubens-Lehre / nach den eingeführten und angenommenomenen allgemeinen Libris Symbolicis, durch friedliche/ GOTT wohlgefällige Mittel und Wege/ beysammen zu halten/ und nach Gelegenheit zu vermehren/ ohne einig ander Absehen/ als GOtt und dem Nächsten treulich zu meynen/ und hertzlich zu lieben: Solte es sich begeben/ wie es offters geschicht/ daß die Obrigkeit an dem Ort/ wo er bestellet ist/ neben ihm/ noch einen oder mehr/ den übrigen/ beyderley Bekäntnissen zugethane/ Prediger und Gemeine verstatten/ und authorisiren wolte; oder aber gewisser Ursachen wegen/ dulden müste/ so befleißiget er sich dem dissentirenden Theile/ in aller Christlichen Sanfftmuth uñ Bescheidenheit zu begegnen/ und/ durch alle erfißliche freundliche liebreiche Wege/ die Seinigen (seiner Glaubens-Lehre zugethane) bey ihren Glaubens-Bekäntniß zu erhalten/ und der Dissentirenden Einwürffe/ so gründ-als glimpfflich/ mit aller Bescheidenheit/ abzulehnen/ und ihnen zugleich den Grund ihrer Bekäntniß zu zeigen; Uber diejenigen/ die sich zu einer andern/ als welcher die Obrigkeit/ und er zugethan ist/ bekennen/ masset er sich keiner Prærogativ, oder Vorzugs an/ und brauchet/ für sich/ keiner unanständigen Bothmäßigkeit in Glaubens-Sachen über sie; Er hält sie alle für Brüder in Christo/ und bemühet sich vielmehr/ sie/ mit aller Demuth/ und Sanfftmuth/ an sich zuziehen/ und sie durch sein friedfertiges erbauliches Wesen zu gewinnen. Er gebrauchet sich des Straff-Ambts auf der Cantzel so wohl/ als in der Conversation, nach der Intention des Apostels stets Pauli/ und der Obrigkeit Verordnung und Zulassung; In Austheilung der Kirchen-Aemter/ wañ er etwas dazu zu sagen hat / siehet er einig und allein auf die Würdigkeit der Prætendenten/ und ihre Capacität in der Lehre und Leben. In summa: All sein Thun und Lassen ist auf die Verherrlichung der Ehre Gottes/ und die Erbauung im wahren Christenthum seiner selbst/ seiner Zuhörer/ und aller andern/ die sich Christen nennen/ gerichtet; jedoch alles nach dem Maasse/ daß Gott einem ieden/ in währender dieser Schwachheit/ mittheilet. An diesen Früchten erkennet man / daß ein Theologus, Lehrer und Prediger/ sich auf das warhaffte infallible Wort Gottes wircklich und alleinig gründe; und daher kan er auch erkennen/ daß die Dissentirende eben so wohl/ als er/ und seiner Confession zugethane / auf Christum getaufft seynd; item, daß einer/ wie der ander/ in der Confession, der er zugethan ist/ von den seinigen erzogen und unterwiesen worden; item, daß es nicht in seiner oder ihrer Wahl gestanden sey/ in dieser oder jener Confession erzogen zu werden; Item, daß sie/ nach Christi Befehl/ die Meynung von ihren Christlichen Mitbrüdern haben sollen/ die sie von ihm erfordern/ oder zum wenigsten gerne sehen / daß er die Meynung von ihm hätte; wie er sich nemlich bey der Confession, darinn er unterwiesen ist / der ewigen Seligkeit all eben wohl versichert halte; Er bedencke und erkenne/ zum Beschluß / daß die Dissertirende Meynungen nicht in dem reinen Worte/ sondern über den Verstand

stand desselben (wegen der unterschiedlichen Auslegungen und Deutungen) entstanden/ und daß der
höchste und allein weise Richter/ einig und allein/
dermaleins den Außspruch darüber thun könne und
werde/ an diesen Früchten/ an diesen Bezeugungen/
Lehr/ Leben und Wandel/ sage ich nochmals/ soll man
erkennen/ daß er seiner Seelen Seligkeit so wohl/ als
seiner Gemeine (ungeachtet aller ihnen beygebrach-
ten Neben-Infallibilitäts-Impressionen) in der alleinigen Infallibilität des reinen göttlichen Worts/
und in den Apostolischen Glaubens-Articuln/ suche
und finde.

§. 15.

Diesem allen seynd die vieh- und irrdisch-gesinnte
verstockte Lehrer so wohl/ als dergleichen gesinnte von
ihrer Gemeinde/ in der That und contradictoriè zu-
wider/ ob sie schon für andern/ der alten Schlangen
Art nach/ den äusserlichen Schein haben wollen/ daß
sie sich aller Christlicher Tugenden/ mit weit grössern
Eyfer/ als die andern befleissen; Der Warheit mißbrauchen sie sich/ zu besserer Bedeckung ihrer Infalli-
bilitäts-Geheimnisse; Hinter der Liebe/ verstecken
sie ihre vergiffte Feindschafft; Hinter den Frieden/
ihre Zancksucht; Hinter der Demuth/ ihr stoltzes
Gemüth/ u. s. w. Sie verwerffen schlechterdings alle
andere Glaubens-Bekäntnisse/ weil ihre Neben-
Infallibilität die allein seligmachende Orthodoxia seyn
und bleiben soll; Auf Gott und ihren Nechsten machen sie keine andere Reflexion, als so fern es ihr zeitliches

liches Wohlseyn und drauf gegründete Infallibilität zuläßt; Sie haben nimmer Zuhörer und Beichtkinder gnug/ und vermehren nicht allein die Zahl derselben/ sondern einer versucht auch wohl gar/ ob er dem andern die seinigen entziehen könne/ biß zum offentlichen Zanck/ Streit und ärgerlicher Feindschafft; Die hohe Obrigkeit suchen sie durch allerhand List und Gewissens-Bedrohung dahin zu lencken/ daß sie die Dissentirende an zeitlicher Beförderung verhindern/ und aufs euserste verfolgen/ und/ wann es nur müglich/ gar verjagen müssen; Der Haß gegen alle Dissentirende ist dannenher unersättlich/ weil sie sich und andere bereden/ die Dissentirende erkennten zwar die Warheit ihrer Satzungen/ und ihrer fundamental-Articul; wolten aber dennoch/ aus bloßer Halßstarrigkeit/ Gott nicht die Ehre geben/ und sie annehmen/ und zu ihren Hauffen treten/ und warum es am meisten zu thun ist) ihre Accidentien vermehren; und eben deßwegen müste man sie/ als verfluchte und verdammte Ketzer tractiren; Des Elenchi gebrauchen sie sich/ nach ihren Passionen/ und lassen sich von der hohen Obrigkeit darinn kein Ziel oder Maaß geben; Ist etwa ein Aemtgen/ oder ein Dienstgen auszutheilen/ so haben sie hundert Räncke/ einem hier/ dem andern dort Hoffnung darzu machen/ und Præsente von ihnen zu ertappen; Der das fetteste Opffer bringet/ ist allezeit der tüchtigste/ u. s. w. In summa/ sie wissen von kainer andern Verherrlichung der Ehre Gottes/ als die in einer prablerichten euserlichen Verherrlichung

chung ihrer Infallibilitäts-Consorten bestehet / und daß sie nur mit ihnen eine grosse Figur in der Welt machen mögen. Ursach: Weil diese Leute sich auf die Gelt-Ehr-und Regiersucht der vieh-und irrdisch-gesinnten Menschen gründen; und deßwegen bedencken und erkennen sie nichts anders / als was zu erstgemeldten ihren Zweck zureichend und ihnen dienlich ist; und gebrauchen sich aller müglichen Mittel uñ Wege / Geld und Gut an sich zuziehen; All ihr Tichten und Trachten gehet dahin / daß sie den frommen Christlichen Seelen beybringen mögen / daß sie und ihr Gebeth ein grosses zu ihrer Seelen Seligkeit beytragen können / und daß sie hergegen zeitliche Entgeltung dafür verdienet haben; Und diese wollen sie auch nicht allein gutwillig erwarten / sondern sie wissen sie auch / wann / und wo sie selber die Macht haben / oder etwan starcke gleich-gesinnte Gehülffen finden / als eine Schuldigkeit heraus zu pressen.

§. 16.

Womit ich schliessen / und nur noch dieses bedingen will / daß die oberzehlte Tugenden und Untugenden allen dreyen Parteyen / ohne einige Ausnahme / ratione Intentionis, (so viel den guten oder bösen Willen betrifft) allerdings gemein seyn können / und nur darinn differiren / daß die letzten / nemlich die Untugenden / bey einer oder der ander Parten / mehr oder weniger / durch die langwierige Gewohnheit eingeführet / und gleichsam authorisiret seynd. Hieraus wird der Christliche Leser vernünfftig schliessen / daß ich das gute lobe/ und das böse table/ wie und wo es zu finden ist/ Ingleichen auch/ daß die ersten ihr selbst eigen und zugleich vieler andern Heil und Seligkeit befördern/ die letzte aber sich selbst ins Verderben stürtze.

Das V. Capitel.
Beantwortung dreyer Einwürffe/ wider die vorhergehende Schrifft.

Innhalt:
Der erste Einwurff/ und dessen Beantwortung.

§. 1.

Dieser hat 2. membra; im ersten wird der Sufficienz der Apostolischen Glaubens-Articul widersprochen/ weil solcher Gestalt so wohl die Klöster/ als die Universitäten/ ja auch die gelehrten Patres und Doctores Theologiæ gantz unnöthig und überflüßig wären. §. 2. Zu dem/ so müste die allgemeine Glaubens-Lehre respectu der Geistlichen limitiret werden. §. 3. Im andern Membro wird angezeiget/ wie ungeräumt es sey/ daß etzliche aus allen dreyen Religionen selig werden können. §. 4. Es müste auch die bißher üblich gewesene Thesis, daß nur eine allein seligmachende discretive

scretive Religion sey/ und durch allerhand Mittel beybehalten werden müsse/ unangefochten bleiben. §. 5. In der Antwort auf das erste membrum wird der Mißbrauch der Klöster und Universitäten/auch der gelehrten Doctorum, und ihres vermeinten Fleisses bey Imprimirung der Sophistereyen/ und §. 6. Die Hindansetzung der Ubung des wahren Christenthums gezeiget. §. 7. Dessen ungeachtet erhält GOtt noch einige grundgelehrte Christlich-gesinnte Männer. §. 8. Die Antwort auf das andere membrum wird aus den vorhergehenden hergeholet/ und der Neben-Recess aus den Catechismo Infallibilistico ausgeführet. §. 9. Der bey Beantwortung des erstē Membri angemerckte Mißbrauch der Sophistischen Gelehrtheit wird auf den Unrath/ den die angewohnte Zancksucht an vielen Orten gebiehret/ wo die unterschiedene Glaubens-Bekäntnisse authorisiret seynd/ extendiret. §. 10. Die weltliche Regier-Art schickt sich nicht zu dem Reich Christi. §. 11. Herrn D. Speners gottselige Gedancken hierüber.

Der 2. Einwurff und deſſen Beantwortung.

Die Formula Concordiæ könte ohne Verletzung des ſchuldigen Reſpects gegen das Chur-Hauß Sachſen nicht improbiret werden. §. 2. In der Antwort wird gezeiget/ daß nicht der gnädigſten Verordnung/ ſondern nur der hohen Einbildung der Collectorum, indem ſie eine allein ſeligmachende diſcretive Religion, gleich dem Concilio Tridentino daraus erzwingen wollen/ wiederſprochen werde. §. 3. Die hohe Landes-Obrigkeit kan in Lehre und Ceremonien/ ohngeacht eines oder mehr der Geiſtlichen/ auch ratione Elenchi (des Straff-Ambts) diſponiren.

Der 3. Einwurff und deſſen Beantwortung.

Das unförmliche Unternehmen/ die mutua Tolerantiam auffs neue zu veranlaſſen/ will aus der gewaltthätigen Widerſetzlichkeit der Römiſch-Catholiſchen/ uñ dem Mißtrauen/ daß die rein-Lutheriſchen in die Reformirte geſetzt / als ob es ihnen kein Ernſt wäre/ erwieſen werden. §. 2. Die Antwort gründet
sich

sich auf das gute Exempel / das man Protestirenden theils geben könte / uñ dem demonstrativè dargethanen Ungrund des erdichteteñ Mißtrauens. §. 3. Kurtze Wiederholung und Bestätigung / daß in allen dreyen Glaubens-Bekäntnissen die Seligkeit zu hoffen und zu erlangen sey.

Der erste Einwurff.

§. I.

Wann erstlich ein / im Namen der Heiligen Drey-Einigkeit getauffter / nach denen / im ersten Capitel fürgeschriebenen Wegen / die Seligkeit erlangen könte; Oder / wann er keine ándere Erkántniß oder Wissenschafft des Göttlichen Wortes und Willens zur Seligkeit nöthig hätte / als der Haupt-Articul des Apostolischen Christlichen Glaubens / und die Beobachtung des Befehls Christi / was ihr wollet / u. s. w. In übrigen aber sich an die Lehre und Ceremonien / die bey der Gemeinde / darunter er sich befindet / eingeführet und authorisiret seynd / hielte / und keine Aergerniß gäbe; So hätte ja niemand nöthig / Theologiam, nach der / von so langer Zeit hergebrachten Weise / fundamentaliter, absonderlich was die Controversien belangt / zu studiren; Wozu dieneten die Hoch-Ehrwürdige / aus den Klöstern und Collegiis, und von den Universitäten kommende Patres, Doctores Theologiæ, uñ andre in den Religions-Streitigkeiten

tigkeiten gründlich unterrichtete Candidati des heiligen Ministerii? Wozu alle ihre weitläufftige und kostbare Systemata Theologica, unzehliche und offtmals sehr wunderlich benahmte Tractatus Controversiarū, Disputationes, Re- & Confutationes? Der HERR Christus befiehlt ja selber: Suchet in der Schrifft/ dann die ist/ die von mir zeuget; Diese Worte seynd nicht vergebens/ und wer siehet nicht/ daß er damit auf eine weitere Extension der Articul des Christlichen Glaubens/ und auf die daraus fliessende und in der Schrifft gegründete Satzungen/ und mehrere fundamental-Articul ziele; Diese müssen durch hochgelehrte/ in Disputiren wohlgeübte Leute heraus gesuchet/ denen Ungelehrten fürgeschrieben/ von ihnen beobachtet/ auch zu Verhütung/ daß sie von den halßstarrigen Ketzern etwan verführet würden/nachdrücklich vertheidiget werden.

§. 2.

So hätte auch der Befehl Christi: Was ihr wollet/ u. s. w. in gewisser masse/ auf die erstgemeldte hochgelehrte/ gewisse/ und ihnen am besten bekante Exceptiones, und müste dannenhero cum grano salis, in Absehen auf sie/ angenommen werdē; welches zwar nicht also gleich hin den Einfältigen zu offenbahren/ von ihnen (den Gelehrten) aber/ absonderlich ratione Dissidentium, zu der Ungelehrten Seelen Seligkeit wohl zubeobachten wäre; Solten dann so viel unzehliche weltberühmte Doctissimi & Beatissimi Viri, die zu Beobachtung des festgesetzten Stuels Petri

Petri und der Formulæ Concordiæ, so manchen harten Angstschweiß ausgestanden/ und sich fast übermenschlich meritirt gemacht/ die Christenheit von der Ketzerey und Syncretisterey zubefreyen/ und die Anzahl ihrer Beichtkinder zu vermehren/ solche ihre grosse Mühe nicht besser angewendet haben? Warumb solten dann eben die jenigen/ die im Lehr- und Predigt-Amt allbereit stehen/ oder noch darzu sich begeben wollen/ in solcher miserablen und unschuldigen Einfalt leben/ und das ihnen von Gott verliehene Pfund ihres Verstandes und Erudition vergraben/ oder zum wenigsten nicht/ wie andere Menschen/ anwenden/ wann sie etwan eine Gelegenheit ersehen/ bey Beobachtung ihres Hochwürdigen Amts sich und die ihrigen zu bedencken/ und ihnen einen Zugang zu machen? Sie müsten ja dem Altar dienen/ und also müsten sie und die ihrigen auch davon leben; Solten dann die Neben-Accidentien ihnen allein verboten seyn? Die gantze verständige und gelehrte Welt lebte ja von der unverständigen ungelehrten Arbeit/ und sie solten allein ausgeschlossen seyn? u. s. w. Woraus denn nothwendig folgte/ daß die oben bedeutete Meynung von der Sufficientz zur Seligkeit/ so wohl als die/ im ersten und vierdten Capitel so scheinbar fürgestellte einfältige Umbschränckung der Geistlichen Lebens-Art/ irrig und falsch; Oder aber dieses wahr seyn müsse/ daß gar wenig von den Hochgelehrten Systematen- und Controversien-Schreibern/ wohlgeübten Disputatoren/ oder auch/ der Zeit und Gelegen-

Gelegenheit sich gebrauchenden Geistlichen/ in den Himmel kommen dürfften; id qvod planè abſurdum.

§. 3.

Wann/ zum andern/ die in Römischen Reiche lebende Christen in allen dreyen/ darinnen verstatteten Religionen/ selig werden könten/ so müste nothwendig falsch seyn/ daß nur ein Gott/ ein Seligmacher/ eine Warheit/ ein Weg die zeitliche und ewige Glückseligkeit zu suchen und zu finden wäre; Es könte deßwegen nichts ungeräumters und verkehrters erdacht werden/ als daß man den einfältigen Leuten wolle weiß machen/ es wären drey Religionen/ drey/ und zwart sehr von einander entfernete Wege/darauf sie gehen/ und die Seligkeit/ einer wie der andere/ erlangen könten; Was würden dann die Leute vor Gewißheit haben? Sie würden eine Religion achten wie die andere; Sie würden sich nur damit spotten/ und von der einen zu der andern sich wenden/ so offt es ihnen/ zu ihren Intereſſe, dienlich zu seyn scheinen würde; Da sie hingegen/ wann sie nicht anders wüsten/ als daß die Religion/ darinnen sie sich befinden/ die allein seligmachende wäre/ beständig in ihrer Ehrerbietung und Andacht gegen Gott/und seyn Wort bleiben/ und so viel an ihnen/ annoch andere an sich zu ziehen suchen/ und also die Anzahl der Gemeinde/ der Beicht-kinder/ vermehren würden.

§. 4.

Die Theſis wäre nun einmahl im Römischen Reiche eingeführet/ daß ausser der jenigen/ der einer
oder

oder der ander zugethan ist/ keine Seligkeit zu hoffen sey; Es müste nothwendig dabey bleiben/ wann man nicht das gantze Christenthum über einen Hauffen werffen/ und zur euserſten Ruchloſigkeit/ ja gar zur Atheiſterey/Thür und Thor öffnen wolte; Wann die Docentes in den trivial- und hohen Schulen/ ihren Schülern und Studenten/ und die im Ministerio stehende Geiſtliche ihren Zuhörern/ nach Anleitung des vorhergehenden/ und abſonderlich des vierten Capitels/ nur die ſanfftmüthige Wege der Liebe/ der Warheit/u. ſ. w. zur Information und Beybehaltung ihrer Gemeinde gebrauchen ſolten / ſo würden ſie wenig nützlich=gelehrte Leute machen/ und wenig Beichtkinder behalten/ und noch weniger darzu gewinnen/ oder die Zahl vermehren; der Eyfer würde gantz bey ihnen erkalten/ der ohne dem nicht allzu feurig wäre; Zu dem ſo hätten auch die vorgedachte gütige und ſanfftmüthige Mittel bey weiten nicht den Nachdruck/ bey den meiſten Leuten dieſer Welt/ als wohl die ſcharffe anſtrengende; Die Impreſſiones, die der Haß und Neid gegen die widrige Religion erwecket/ würden allzeit kräfftiger und nachdrücklicher ſeyn/ und die Devotion gegen die erkante und für recht gehaltene weit mehr ermuntern/ als die ſanfftmüthige und gütige Verträglichkeit; Wann ſich die Geiſtlichen nicht zuweilen/ bey erfordernder Nothwendigkeit/ einer oder andern piæ fraudis (ein bißgen Unwarheit) mit gebrauchten/ und den Leuten etwas widriges und gehäßiges/ von den übrigen Religionen/ oder

P auch

auch in andern Dingen beyzubringen suchten/ so könten sie unmüglich das Volck bey der Religion, und in der daher rührender Devotion gegen GOtt/ und bey den Respect gegen das hochwürdige Ministerium erhalten; Wenn sie auch ihre bißherige Lehr- und Lebens-Art schon änderten/ so würde es doch nichts fruchten/ ihnen aber viel Verdruß verursachen/ und schimpffliche Verachtung auf den Halß laden; Darumb möchte man sich nur die Aenderungs-Gedancken vergehen/ und sie machen lassen/ es wäre allzeit so gewesen/ und würde auch wohl also bleiben; Worbey zumercken/ daß diese und dergleichen Dinge nicht so sehr mit den Worten/ als mit den Wercken/ angezeigt und zu verstehen gegeben werden.

§. 5.

Hierauff dienet in genere zur Antwort/ so viel das erste betrifft/ daß es nicht ohne/ daß kein grösser Mißbrauch der milden/ auf Schulen/ Klöstern/ Collegia und Universitäten gerichteten Stifftungen seyn könte/ als daß die Jugend/ und zwart die zum Heil. Ministerio sich widmende/ vom Anfang ihrer Unterweisung an/ wie im dritten Capitel allbereit gemeldet ist/ alsofort in den Apicibus Sophisticis, worauf die Clericats-maximen beruhen/ am fleißigsten exerciret werden/ damit sie hernach/ die von dem irrdisch-gesinnten Clero, eingeführte Menschen-satzungen und fundamental-Articul desto besser und ruhmwürdiger verthädigen/ oder/ welches denen/ die das Geheimniß verstehen/ gleich viel ist/ mit Gott und seinem Wort

Spott

Spott treiben mögen; Und dieses sonderlich auf den Universitäten/ bey einer sehr freyen und ungezähmten Lebens-Art und schlechter Discplin; Worzu die Herren Docentes durch Ausbittung so vieler / mehr zur Herbeylockung und Vergrösserung der Zahl der Studenten dienenden / Privilegien selbsten Anlaß gegeben/ und dadurch gewiesen/ daß sie mehr auf ihren/ als der Jugend/ Nutzen gesehen haben / und noch sehen; Hingegen wird auf die Anfrischung zum Christlichen Leben und Wandel/als worzu die Klöster/Collegia, Universitäten /u. s. w. eigentlich gestifftet seynd/ gar wenig reflectirt, da sie doch die allergrösseste Gelehrtheit und Geschicklichkeit erfordert / und nöthig hat/damit die Hohen und die Niedrigen/die Reichen und die Armen/als die vor Gott alle gleich sind/kräfftig und nützlich erbauet werden mögen.

§. 6.

Ja es wird leider! bey dem geistlichen Infallibilitäts-Regimente für eine Art von Ketzerey gehalten/ wann ein oder ander im Ministerio stehender/oder sich darzu anschickender / oder auch sonsten fromme Christen/ je zuweilen zusammen kommen/ und bey der Betrachtung der innerlichen Beruhigung des Gemüths durch ein Gott gefälliges Sitten-Leben /und der dabey einlauffenden Christlichen Tugenden/ absonderlich aber von der so hoch recommendirten Christl. chen Liebe/ Friede/ Auffrichtigkeit / u. s. w. sich mit einander unterreden; Sie werden spöttlicher weise Qvi- und Pietisten genennet/ (wolte GOtt/ daß alle Christen

ſten es warhafftig wären/ und mit ihren Neben=Chri=
ſten in rechtſchaffener Gottesfurcht lebeten) ſonder
Zweiffel aus der Beyſorge/ daß durch dergleichen
Chriſtliche Ubungen leichtlich ein Löchelchen durch
die Infallibilitäts = oder Syncretiſterey=Decke geboh=
ret/ und den frommen Chriſtlichen Hertzen Anlaß ge=
geben werden dürffte/ die in Gottes Wort/ und dem
Inſtrumento Pacis, ſo hoch recommendirte brüderli=
che Übertragung dadurch zu erblicken/ welches dem
wahren Glauben an die Römiſche Kirchen=ſatzungen
und an die fundamental Articul, einen allzu groſſen
Abtrag thun/ oder nach des guten D. K. Meynung/
die gantze Glaubens=Kette gar zerreiſſen würde; Al=
ſo daß in der Conſideration, ohne eintzige Abſurdität
geſaget werden kan/ daß wenig oder gar kein tieffge=
lehrter Infallibiliſte (die præoccupirten werden aus=
genommen) in den Himmel kommen werde; Weil
diejenigen/ die das Geheimniß des Infallibiliſmi ver=
ſtehen/ gar kein Verlangen haben können/ in denſel=
ben Himmel zu kommen/ nach welchen die frommen
einfältigen Chriſten/ in wahrer Gottesgelaſſenheit/
ſich ſo hertzlich ſehnen.

§. 7.

Ich rede nicht von lauter unwiſſenden Einfälti=
gen; Es finden ſich/ durch Gottes ſonderbahre Gna=
de/ noch etzliche (und vielleicht mehr als man meynet)
in der heiligen Schrifft und im Chriſtlichen Wandel/
hoch = und wohlgelehrte/ mit vielen Wiſſenſchafften
und andern erbaulichen Gaben/ ausgerüſtete/ got=
tesfürch=

tesfürchtige Männer/welche in Christlicher Einfalt/ ohne Phariseischen pralerichten Schein und eiteler Disputir- und Zancksucht) dannenhero sie auch keine grosse Figur in der Welt machen) ihr Lehr-Predigt- und Straff-Amt/ mit aufrichtigen Hertzen ohne Zurücksehung/ nach den Fleisch-Töpffen Egypti/ oder nach den ungebührlichen Accidentien/ verrichten/ uñ ihrer Beichtkinder und Zuhörer Seelen Seligkeit treulich meynen; Für welche grosse Gnade ich Gott mit allen Gottes-gelassenen Christen von Hertzen dancke/ und bitte/ er wolle diese recht fromme Christliche Leute nicht allein beständig darbey erhalten/sondern auch allen übrigen dergleichen Gnade verleihen. Und so viel vom ersten.

§. 8.

Das andere betreffend/ beziehe ich mich auf die im ersten und andern Capitel gethane deutliche Fürstellung/ daß nur eine unzertheilbare/ allein-seligmachende Christliche Religion sey und bleibe/ in welcher alle zu den dreyen Glaubens-Bekäntnissen gehörende/ nach Innhalt des vierdten Capitels/ihre zeitliche und ewige Wohlfahrt suchen müssen/ und erfolglich ihrer Seligkeit gewiß versichert leben können/ wodurch alle diese weitläufftig angeführte scheinbare Schwürigkeiten auf einmahl gehoben/ aufgedeckt und beschämet werden. Von diesen und dergleichen Historien soll/ im mehrgemeldten Catechismo Infallibilistico, eine sonderbahre Section, unter dem Titul des Neben-Recesses, für die Infallibilisten und irdischgesinnte

gesinnte Geistlichen enthalten / und darinnen absonderlich die Handgriffe auf den Stuel Petri zu steigē; die Cardinal- und andere Würden zu erlangen; der Nepotismus; die Casus pro Amico; die verkünstelte Gewissens-Beunruhigung; die verborgene Wege die Beichtkinder zu vermehren/oder auch von andern abzuziehen; die piæ fraudes; die Furta licita, u. s. w. sehr wohl und gründlich ausgeführet seyn; derselben mögen sich die Infallibilisten so lange gebrauchen / als Gott der HErr es ihnen zuläßt. Getreuen und Gottesgelassenen Seelsorgern kan es nicht verdrießlich fallen/ wann sie Gott mit reinem Hertzen dienen/ und den Nechsten/und absonderlich ihrer Sorge und Aufsicht Anvertraute / treulich meynen / und ihnen mit guten Exempel fürgehen; Es kan auch dem heiligen Ministerio nichts verächtlicher seyn / als wann die Prediger die Leute zur Warheit/ zur Liebe / zu guten Leben und Wandel/u. s. w. von den Cantzeln anmahnen/ selbsten aber dergleichen zu thun sich nicht befleißen können oder wollen.; Hieraus entspringet die Ruchlosigkeit/ und diese veranlasset/mit einem Worte/ die Atheisterey.

§. 9.

Hierbey achte ich nöthig/ den/in voriger Beantwortung / in etwas berührten Mißbrauchen der zu Schulen und Universitäten gewidmeten Stifftungen auch auf die jenigen zu extendiren/welchen die unartige præoccupirte aufgeblasene Tieffgelehrtheit / der meisten/ von denen dannenher/ und aus den Klöstern und

und Collegiis kommenden Candidaten des Ministerii, sonderlich an denen Oertern offentlich an den Tag leget/ wo einige von den Römisch-Catholischen unter der Protestirenden; oder von den Protestirenden unter der Römisch-Catholischen; oder auch von den rein-Lutherischen unter der Reformirten hohen Obrigkeit zum Predigt-Amt bestellet werden; Denn sie können sich unmüglich mäßigen/ und irritiren nicht allein/ sondern vermehren auch/ durch ihre reciprocirende Hefftigkeit/ in Behauptung ihrer allein seligmachenden discretiven Religion, den Haß und die Verfolgung/ an statt/ daß sie vermittelst Christlicher Ubertragung sich und ihre Gemeinde in erträgliche Ruhe setzen/ und weit mehr erbauen könten; Fürnemlich aber seynd die guten Ungarn uñ andre Entlegene wohl zu beklagen/ daß sie einen so weiten Weg/ mit so grossen Kosten und Gefahr reisen / und an statt der verhofften nützlichen Information, in dem wahren Evangelischen Christenthume/ mit offterwehnten dem Grunde desselben schnur-stracks entgegen stehenden Infallibilitäts-Lasten und Syncretistischen Bürden/ zurück ins Vaterland kehren / und dadurch sich selbst und ihren dermahligen Gemeinden so gefährlich und nachtheilig seyn müssen.

§. 10.

Daß einige Politici, zu Beybehaltung ihrer weltlichen Absihen/ sich dergleichen auf Warheit/ und Unwarheit/ auf Einigkeit und Zanck/ Streit/ Haß/ Neid ꝛc. veranlassende Künste sehr nützlich gebrauche/
lässet

lässet man an seinen Ort gestellet seyn/ ob die Nach=
folge dem hochwürdigē Ministerio, welches den Weg
zum Himmel bahnen soll / allzuwohl ins Gesichte
komme? Weil sie wissen solten/ daß GOtt im Geist
und in der Warheit/ oder von gantzen Hertzen und
von gantzem Gemüthe gedienet seyn wil; der Nechste
aber/ wie sie selbst/ geliebet werden soll. Ja ich schäme
mich fast zu sagen/ daß die Heyden den grössestē Theil
der Geistlichen beschämen/weil sie in der dickesten Fin=
sterniß dieses Licht erblickten: Deus est pura mente
colendus (Gott wil mit reinē Hertzen gedienet seyn).

§. II.

Hiervon thut der in auffrichtiger Warheit und
Liebe Gottesgelassene Hr. D. Spener in den Klagen
über das verdorbene Christenthum p. 86, sehr nach=
drückliche Meldung/wann er/nach Erzehlung unter=
schiedlicher in den Evangelischen Kirchen eingerissener
Mißbräuche/ ferner schreibet: Es könten dergleichen
noch mehrere Stücken (sonderlich wann man das
Welt= und Geistliche ziemlich ineinander mischet)
erzehlet werden/ da doch das Reich Christi/ so nicht
von dieser Welt ist/ fast durch nichts unvermerckter
zu schaden gebracht werden könte/ als wo man die
weltlichen Manieren zu viel in die Kirche und die Art
des Reichs Christi zeucht/ als welches der weltlichen
Regier=Art am wenigsten nahe kommt/ und deßwe=
gen können sie fast nicht anderß angesehen werden/als
daß sie aus Babel entlehnet seyen/ aber deßwegen/
ob sie schon unsere Kirche nicht zu Babel machen/
gleich=

gleichwohl sie auch schlecht ziehren. So weit Herr
D. Spener.

Der andere Einwurff.

§. 1.

Der hohe Respect, den alle Evangelische dem gantzen Chur-Hause Sachsen/ und absonderlich weiland Chur-Fürst Augusto höchstseligen und Glorwürdigsten Andenckens/ schuldig seynd/ wie auch der mit einstimmenden hohen Landes-Regenten/ wird durch so viel harte Reden wider die Formulam Concordiæ, absonderlich daß sie Pabstentzete/ mercklich verletzt/ weil solche auf ihre hohe Verordnung abgefasset/ und unter allerseits hoher Authoritát publiciret worden; Ja/ es wäre eine höchststrafbare Missethat/ die hohe Landes-Obrigkeitliche Anstalten dergestalt zu perstringiren.

§. 2.

Antwort: Es ist oben albereit angemercket worden/ daß die Collectores der Formulæ Concordiæ des nimmer gnungsam gepriesenen seligen Chur-Fürsten hohen Landes-väterliche Sorgfalt/ in Uberschreitung deroselben hohen Befehls/ sehr gemißbrauchet haben. Der Hochsel. Chur-Fürst intendirte mit den übrigen hohen Häuptern nichts anders/ als daß in seinen uñ ihren Landen eine durchgehende Gleichheit in der Lehr- und Kirchen-Handlung seyn möchte; Sie wünschten wohl/ daß sie sich durch das gantze Römische Reich erstrecken möchte/ damit die Römisch-Catholische desto mehr eingetrieben und geschweiget

schweiget werden könten; Sie wusten sich aber auch darbey gar wohl zubescheiden/ daß sie den übrigen Christlichen Kirchen hiermit kein Ziel oder Maß geben/ und eben so wenig als sie selbst leiden könten/ daß ihnen von andern gegeben würde. Es wird auch verhoffentlich nirgens gefunden werden daß ich dieser hohen Verordnung in geringsten/ wohl aber der gar zustarcken Einbildung der Herren Collectorum widersprochen hätte/ die ihre Satzungen/ unter dem Schein der fundamental Articul, der gantzen Christenheit eben so sehr/ als die Römisch=Catholische ihr letztes Concilium Tridentinum aufzudringen bemühet gewesen/ in welchen ihre Nachfolger biß auf diese gegenwärtige Stunde noch eben so hefftig engagiret seynd.

§. 3.

Kürtzlich; meine Meinung hiervon ist diese: Daß die Christliche Obrigkeit aller Orten/ in specie aber im Römischen Reich/ vermöge des Instrumenti Pacis berechtiget sey/ gewisse Deputirte mit Zuziehung der Lehrer und Prediger zuerwehlen/ (wolte Gott/ daß denen Erwehlten/ weil man keinen ins Hertz sehen kan/ das jenige in der That beywohnte/ was sie vor den Leuten zu seyn scheinen wollen) durch welche einige gewisse Formula, oder Christliche Lehr= Ceremonien= und lebens=Regeln abgefasset/und von allen/ die unter ihren hohen Schutze leben wollen/ ohne unterscheid beobachtet werden müsse/ also daß bey hoher Straffe keiner von den Einwohnern desselben

selben Landes/ oder sonsten sich darinnen auffhalten=
den/im geringsten darwieder handeln oder Aergernüs
geben dörffte. Ich habe gesagt/ ohne unterscheid;
Dabey ich gleichwohl dieses bedinge/ daß es die jeni=
gen/ die ex pacto convento unter einer andern Glau=
bens=Bekäntnüs gebuldet werden müssen/ so viel die
Lehre betrifft nicht ferner binden kan/ als es in ihren
Kirchen eingeführet ist und beobachtet wird. Ich
halte ferner dafür/ daß alle Christen/ sie seyen würck=
lich begüterte Unterthanen/oder Einkömlinge/solcher
Obrigkeitlichen Verordnung schnurstracks nachle=
ben; und sich denenselben gemäß bezeigen sollen; In=
gleichen daß der dagegen bezeigte Ungehorsam bey
gewissen Umbständen auch mit Leib= und Lebens=
Straffe anzusehen sey. Hierbey aber hätte/ meines
wenigen Erachtens/ die erstgemeldte hohe Landes=
Obrigkeit vor allen auch dahin zusehen/ daß Christi
Befehl und der obgedachte Articul des Instrumenti
Pacis von jederman/ absonderlich von den Lehrern
und Predigern/ genau beobachtet/ und dieses heilsa=
me Band der Christlichen Liebe nichts zerrissen wer=
de; Sintemahl ein jeder sonverainer Christlicher
Landes=Regente in seinem Lande/ wegen der Christlichen Lehre und Ceremonien/ auch in specie ratione
Elenchi, als welcher dem Mißbrauch gar sehr unter=
worffen ist/ nach seinen Belieben gewisse Verord=
nung und derselben Veränderung nach erfodernder
Beschaffenheit machen kan/ welcher die Lehrer und
Prediger præcisè und ohne einzige Exception gehor-
chen/

chen/ oder aber das Predigt-Amt verlaſſen müſſen;
Dann es iſt und bleibet einmahl eine ungezweiffelte
Warheit/ daß nur eine Chriſtliche allein-ſeligmach-
ende Religion ſey und bleibe/ und daß die ſich darzu
bekennende allein durch die gröſſere/ groſſe und kleine-
re Schwachheiten / auch zuweilen Boßheiten der
Lehrer und Prediger von einander geſchieden werden / davon ſie zu ſeiner Zeit werden Rechenſchafft
geben müſſen.

Der dritte Einwurff.

§. 1.

Der Römiſch-Catholiſchen Geiſtlichkeit hefftig-
ger/und von etzlichen 100. Jahren her eingewur-
tzelter/auch mit ſo groſſer Macht/ biß zu de Carthau-
nen ſelbſt/ ausgerüſtete Eyfer wider die Proteſtirende
wár viel zu groß / daß man ſich an ihrer Seite einige
Hoffnung zur mutua Tolerantia machen könte; Und
ob wohl / an ſeiten der reinen Lutheraner/ geſtanden
werden müſte/ daß die Reformirten ihnen die brüderliche Verträglichkeit anbieten / ſo können ſie dannoch
nicht begreiffen/ vielweniger geſtehen/ daß die Reformirten und ihre Friedens-Bothen es aufrichtig mit
ihnen meyneten; Es wäre ihnen / den Reformirten/
kein Ernſt/ ſie ſuchten ſie zu berücken/ und deßwegen
müſten ſie die Reformirten/ es mit ihnen und ihrer
Brüderſchafft nicht aufrichtig meynen(wie leicht geglaubet wird)/ oder ſie müſſen von der Religion nicht
viel halten/ und müſſe ihnen gleich viel ſeyn/ ob ſie mit
guten Chriſten oder mit den boßhaſſten Ketzern in ver-
trauter

trauter Christlicher Gesellschafft leben. (Dieses seynd Verba formalia eines præoccupirtē tapffern/reinen Lutheraners/ Gott gebe/ daß er in seinem ißigen Beruff ein tapfferer reiner Christ sey und bleiben möge) es wären also nur vergebene Conatus, (Unternehmungen) mit welchen der Christenheit so wenig / als dem Römischen Reiche geholffen seyn könte; Sie könten auch zu nichts anders dienen / als das man durch die Anmahnung zur brüderlichen Verträglichkeit das gemeine Volck irre machte / daß sie nicht wüsten / wie sie dran wären.

§. 2.

Antwort: Es ist oben allbereit bedeutet worden/ daß man Protestirenden Theils hohe und wichtige Ursachen hat/ den Römisch-Catholischen/ unter welchen sich auch Christliche moderate Leute befinden/ mit guten Exempel fürzugehen/ und ihnen zuzeigen / daß man ihre Mißbräuche rechtschaffen und in der That/uñ nicht nur verblühmter weise/ reformiret habe; Die Verantwortung bleibt ihnen. An Seiten der rein-Lutherischen aber wäre es eine grausame Beschuldigung/ wann er gesagt hätte: Sie müssen von der Christlichen Religion nicht viel halten; Weil er aber von seiner aus den Clericats-maximen gezeugten/ und auf der ungebohrnen Infallibilität gegründeten/ redet/ so kan es unter den piis Fraudibus passiren; Das beste aber ist/ daß diese pia Fraus gar leichtlich offenbahret wird / indem das Widerspiel mit dem Weltbekannten Exempel der Französischen Reformirten

mirten Kirchen bewiesen werden kan/ welche Ao. 1631. bey gehaltenem Synodo zu Charenten den Schluß gemacht/ daß alle zu der Augspurgischen Confession sich bekennende/ in ihre Gemeinde auf- und angenommen seyn und bleiben können und sollen/ welche darinn zu seyn verlangen. In übrigen bin ich versichert/ daß der Satan selbst weder die Frantzösische/ noch deutsche/ oder andere Reformirte Kirchen werde anklagen dürffen/ daß sie iemahls denen Lutherischen in Glaubens-Sachen hinterlistig begegnet seyn / obschon der Gegenpart es ihnen / zur Vermehrung des Hasses gegen sie/ beständig fürgeworffen hat. Ich sage dieses von den Kirchen; dann qvoad Individua, und von einem oder andern ungerathenen Theologo, der sich unter den Reformirten finden möchte/ will ich nicht respondiren/ dannoch dieses versichern/ daß ihrer keiner solchen Anlaß/ wie die rein-Lutherischen/ haben kan/ es mit den Kirchen-Frieden und der brüderlichen Tolerantz nicht aufrichtig und hertzlich zu meynen/ indem keiner die Clericats-maximen uñ einige drauf gegründete Infallibilität bißher offentlich behaupten dürffen/ noch weniger einen Eyd drauf geschworen hat. Endlich wann unsere selige Reformatores den bessern Unterricht / aus Furcht das Volck irre zu machen/ gescheuet/ so wären wir noch im Pabstthume.

§. 3.

Ich wiederhole also nochmahls zu guter letzte/ daß alle Christliche Seelen/ welche sich bey denen im Römischen Reiche verstatteten Glaubens-Lehren an

das

das theure Verdienst Jesu Christi halten/ und ihre
Neben-Infallibilitäten nicht halßstarrig wider besser
Wissen und Gewissen verfechten/ viel weniger selbige
mit einem Gewissens-Zwange andern auffdringen/
auch dabey ein Heil. Gottgefälliges Leben zu führen
sich befleißigen/ Erben der Seligkeit seyn und bleiben/
in Spiet aller Pfaffen/ Jesuiten/ und ihres gleichen
scheinheiliger Pharisäer steiffen Backen/ die Gottes
und ihrer Mit-Christen durch Vertheidigung ihrer
Satzungen und fundamental-Articul nur spotten;
Deßwegen er sie auch zu seiner Zeit schon zu finden
wissen wird. Ein jeder glaube derhalben mit mir/
daß Gottes unendliche Barmhertzigkeit nicht zuläs-
set/ daß eine/ geschweige so viel Millionen/ Christliche
fromme Seelen umb der verführerischen Lehrer Ehr-
und Geldgeitzes willen/ solten verlohren und verdam-
met werden; sondern sie wird allen/ die JEsum Christum lieb haben/ unverrückt/ so wohl als
mir geben ein seliges

L. N. J. E.

(a) ad pag. 70.

Sectione Logica §. 3. & 4. Ecqvid autem istud est, qvod tàm serió nos admonet Apostolus? Hæreticum, inqvit, hominem devita. Qværis, qvisnam hodie Hæreticus est, cùm qvilibet ad Scripturam S. provocet, sententiam suam qvam de fide fovet non aliter ac Orthodoxi exinde probaturus? Respondemus: veritas secum ipsa pugnare neqvit, neqve hæreticorum dogmata in S. literis rectè intellectis repugnantia
„ fundari; qvin potius, qvi ad Scripturam maximè judicem provocent, ad Spiritum,
„ S. in se loqventem, ad Deum, ad Conscientiam, Scripturam tamen condemnan-
„ tem judicem fuerint experti, qvam absolventem; Spiritum habuerunt in se loqven-
„ tem, sed qvi ater esset, an albus, ipsi sæpe non dignoscebant satis; Conscientia usi
„ non rectà, & ad filum verbi divini composità, sed erroneà, qvam convicti è Scri-
„ pturâ exuere debebant potius, Deoqve gloriam dare, qvàm veritati contumaciter
resistere. Verba sunt D. Carpzovii in Exam. Novæ Prax. à Masenio propositæ p. 190. Qvapropter ut certo nobis constet, qvinam pessimo Hæretici nomine propriè & specificè appellandus sit, realem omninò eamqve Scripturis S. consentaneam expectamus Definitionem. Difficile qvidem Augustino fuit: (ex propria confessione in præf. lib. de hæres. ad Qvod vult D.) definire qvis sit hæreticus; ast de ea tradendâ, si modo Scriptura S. ut firmissimo calo innitimur & veritatem ceu decet & par est, ingenuè fatemur, nobis non valdè laborandum esse existimamus. Qvem in finem excogitatas tùm Pontificiorum tùm aliorum definitiones, qvas falsissimas deprehendimus, ante omnia removebimus, qvippe qvæ è diametro verbo Dei contrariæ
„ sunt, qvarum Præcipuæ: Hæreticus est, qvi non in omnibus ac singulis Papæ decre-
„ tis obtemperat; qvi dicit Romanam Ecclesiam non esse caput; nec posse condere
„ Canones; qvi de Sacramento Corporis & Sangvinis Domini nostri Jesu Christi,
„ vel de Baptismate seu peccatorum Remissione, matrimonio, vel reliqvis Ecclesiasti-
„ cis Sacramentis aliter sentire aut docere præsumunt, qvam Sacrosancta Ecclesia
„ Romana prædicat & observat, & generaliter qvoscunqve eadem Romana Ecclesia
„ vel singuli Episcopi per diæceses suas cum Consilio Clericorum, vel Clerici ipsi
„ sede vacante cum consilio, si oportuerit, vicinorum Episcoporum hæreticos judi-
„ carunt, vinculo perpetui anathematis innodamus. Qvas spinas ex ipsorum scriptis collegit B. Gerhardus Tom. VI. LL. Theolog. cap. XXVI. de Ministerio Eccl.

(b) ad pag. 71.

Sectione Logica §. 8. & 9. Alii deniqve alias atqve alias hæreticorum agnoscunt Definitiones, qvas recensere omnes & allegare, nostri qvidem instituti postularet ratio; verum qvia qvilibet, vel ex Hartmanni Springlii Tractat. de hodiernis hæresibus & Hæreticis qvi in tres libros distributus Oppenheimii 1618 prodiit, è Lamperto Danzo Comment. in August. de Hæres. è Methodo convertendi hæreticos B. Kesleri vel aliis colligere eas poterit, & qvia nos qvidem veremur, ne Stadia Dissertationis transilire videamur, satius esse ducimus, veram & propriam proprie & specifice sic dicti Hæretici definitionem Scripturæ consentaneam, eamqve meris Scripturæ verbis conceptam tradere. Est ergo: Hæreticus homo, qvi è nobis egressus I. Job II. 19. repulsâ bonâ Conscientiâ fidei naufragium faciens, I Tim. I, 19. cauterio notatam habens Conscientiam I. Tim. IV, 2. post unam atqve alteram admonitionem subversus, delinqvens & proprio judicio condemnatus, devitandus, Tit. III, 10. 11.

(c) ad

(c) ad pag. 75.

SEctione eadem in finem. 11. & 12. Qvid de modernis dicemus Haereticis? Scias, non omnes nobis infestos esse. Sanè enim qvieti sumus per Graecos, qvamvis non ubi vis eadem nobiscum sentientes, qvorum Religio peti potest ex Hieremia Patriarcha Constantinopolitano in Actis cum Theolog. VVürtenberg. Christoph. Angelo de ritibus Ecclesiae Graecae, à VVolffgango Grundlingio edit. Conf. qq. Scrutin. Relig. Kromay. Disp. II. Vejelio. Exerc. de Ecclesia Graecanica hodierna B. Calovio & Joh. Meisnero Orat. de fide Graecorum &c. Seqventes verò Heterodoxi infesti Ecclesiae nostrae omninò sunt; suntqve vel extra Ecclesiam, Athei, Muhammedani, Judaei, qvibus annumeramus Samaritanos hodiernos, qvi montem Garizim ex prisca traditione adhuc venerari, ibidem sacra solenniora peragere, nec aliis locis precari, nisi facie ad hunc montem obversa dicuntur, qvod Epistola Samaritanae Sichemitarum ad Jobum Ludolfum edit. Cis. 1688. in 4to aestuntur, vid Acta Erudit. Lips. 1688. Mens. Julii p. 378. nec non Monatliche Unterredungen/ qvae hoc anno emittuntur, in qvibus Germanica versio extat p. 190. qvos omnes rectius dicimus infideles, paganos, ethnicos, &c. juxta phrasin Christi & Apostolorum Matth. VI. 7. XIIX. 17. 1. Cor. V. 6. VII. ss. Dannhauer. Hodom. Pap. I. c. 8 vicerus in voce αἱρετικὸς Num. II. a, vel intra Ecclesiam & nomen Christianum professi, scil. Pontificii, Calviniani, Sociniani, Arminiani & Fanatici.

(d) ad pag. eandem.

PRobum, indefessum, & orthodoxum, imò planè Paulinum te esse, omnia in Disputatione Tua, non tàm probant, qvàm evincunt. Monet Paulus, tempori inserviendum esse. Tu verò qvàm egregiè id praestas! Svadet tempus, cavendum esse Pseudo-Prophetas. Evangelium enim cautelam hanc ex ore Christi nobis inculcans hac ipsa tempestate in universa Ecclesia Christiana publicè proponitur. Ecce verò eodem Tu tempore, Christum simul & Paulum audiens, iidem Thema eruditè à te elaboratum, publicè examinandum & disputandum exponis, promtus simul ad docendum, & ad ea, qvae ab Adversariis afferri solent, feliciter depellenda. Ita certè & piè & sanctè tempori inservis. Porrò, vix post Christum natum tempora pluribus haeresibus, haereticisqve scatentia unqvam fuerunt, qvàm hodie, ubi haereticum esse penè virtutis est, & ubi haeresis gratior acceptiorqve qvàm Ipsa veritas esse videtur. Hic Tu denuò feliciter tempori inservis, & ea affers monita, qvae tàm necessaria qvàm utilia nostris possunt esse temporibus. Urget Paulus ipse, ut haereticos devitemus. Tu verò hanc eandem doctrinam egregiè repetis, & qvae piis prodesse plurimum possunt, non omittis. Sunt tibi qvidem & alia hoc tempore peragenda; verùm uti eadem feliciter expedis, ita qvod reliqvum temporis est, ut utiliter pieqve tempori inservias, altioribus applicas rebus, donaqve Tibi à Deo clementer largeqve concessa exornare studes. Nata Tibi hinc est dissertatio praesens, qvae abundè nobis tàm eruditionem Tuam, qvàm pietatem & industriam probat. Aderit Tibi, ita sincerè haeriolor, Deus commodo justoqve tempore, Teqve ad ea munia vocabit, in qvibus Ei sanctè, tempori autem prudenter & salutariter inservire poteris. Id ut fiat, non solum Deum precor, sed & Bonis omnibus te etiam atqve etiam impensè commendo. Scribebam in Musaeo, XX. Julii, A. E. C. M. DC. XCIX.

(e) ad pag. 77.

Sect. Log §. 14. Concludimus ergo de his, qvi centies millies admoniti de redire, redire nihilominus adhuc recufant, jubente Apoftolo devitandos eos effe, tum Jefuitas cùm caput eorum Anti-Chriftum potiffimum. Ratio; - - - Hic niger eft hunc Lutherane caveto.

Ejusdem farinæ deprehendimus Calvinianos. Sic enim Amefius l. 4. caf. Confcient. c. IV. p. 161. qvi inter Lutheranos pertinaciter defendunt Ubiqvitatem humanæ naturæ Chrifti, non poffunt ab hærefi excufari, qvia illa fententia directè evertit humanam naturam Chrifti. vid. B. Dannh. Hodom. Spirit. Calvih. p. 643. O perverfum hominis judicium! Arrige aures, Amefi, & videbis de te ipfo vera dixiffe, qvia varios Hæreticos expertus eris & Schifmaticos. Nonne enim hiftoria noftri temporis confirmat, fub initium feculi anno 1603. qvod Jacobus Arminius (aliàs Jacob. Hermanni) Veteraqvinas in Academia Leidenfi Profeff. Theol. circa qvinqve Articulos Francifco Gomaro & reliqvis Calvinianis moverit controverfiam, de prædeftinatione, de mortis Chrifti univerfalitate & efficacia, de converfionis noftræ caufa, de converfionis modo & de fanctorum perfeverantia. Hunc feeutus Votftius & Epifcopius. Prolixa eft hiftoria, longæ funt ambages. Vid Acta Remonftrant. & Epift. Arminin. Eccleliafticas & Theologicas 1660. Amftelodami editas. Ergo qvam de nobis, in feipfos tulerunt fententiam, qvod nos, qvi brevitati ftudemus, è Serum Religion. B. Kromay. p. 377. feqq. rectiffime probari poffe affirmamus.

§. 15. Sed provocemus ad definitionem, & ex ea fola convicti erunt, qvia qvantumvis fibi homines qvippe acutiffimi nunqvam perfvadere finant, enormiter tamen circa fundamentum falutis errant. Vid. Maghifici Dn. D. Loefcheri Palladium Calvinianis ereptu.n. Synopfis errorum Calvin. D. Olearii. Hodomoriam Spiritus Calvin. Dannh. Fafcicul. Controverf. Eccardi, Lyferus & Himmelius in Calvinifmo. Gerhardi Difp. de labefactata veritate per Calvinianos. Nec non illi qvi certos adverfarios refutarunt; Sic Mercerus oppugnant Martinum & Sadeelem. Himmelius Alftedium, VVellerus Maffonium, Roftius & Dürfeldius Crocium &c. Hoc unum ex eorum στρεβλογία idqve omnium vel maxime blasphemum & perverfum adducimus dogma, qvod palàm Calviniani Batavi in Collatione Hagienfi decernunt: Peccatores impænitentes eò non peccant, qvod non credunt Chriftum pro impænitentibus & infidelibus peccatoribus, qvi tales funt & manent, mortuum effe. Nam fi illud crederent (blasphemiam hanc Diabolicam hic fcribere dubitamus, & Deus ignofcat!) MENDACIO crederent; edit. Brandii fol. 156. qvibus confonat editio Bertii fol. 148. etiamfi verba nonnihil varient. h. m. Si hoc crederent, jam crederent mendacio &c. Confr. B. Scherzeri noftri Prolegom, in Brev. Hülfem. §. 6. n. II. Nec fine infigni animi horrore à Chriftiano exaudiri poteft, qvod maxima pars Catechumenorum in Ecclefia fatis deformata fateri cogatur: Hæc unica noftra folatio in vita & morte, qvod non tenear credere Chriftum pro me effe mortuum. Egregiam catechefin formandorum Chriftianorum, qvæ à Blafphemia & mendacio incipit ! Increpet te Dominus Satan! Nos aliud edocti ab Apoftolo, dicto ipfi audientes recte pronunciamus de Spiritu Calviniano:

Hic qvoqve perniger eft, hunc Lutherane caveto.

§. 16. Nec melioris notæ Sociniani, Arminiani, Fanatici aliiqve. Perverfa hominum genera, qvorum mentionem fecifte nosmet fere piguit. Errores damnarunt in φλυαρολογία Sociniana Olearius in Synopfi. Stegmannus & Himmelius in

Photini-

Photinianismo. Gerhard. Disp de labefactata veritate per Photinianos. Scherzerus Colleg. Anti-Soc &c. In καπολογίᾳ Arminiana. 2. Calovius in Confid. Arminian. Kromayer, Scrutin. Relig. p. 186. In τερατολογίᾳ Fanatica Kromay. Scrutin. Relig. p. 103. Schlüsselburg. Catalog. Hæretic. l. 12. &c.

§. 17. His nihil addimus, qvàm cane pejus & angve devitandos tales esse. Nam Hi qvoqve sunt nigri, qvos Lutherane caveto.

(f) ad pag. 81.

§. 18. & §. 19. Sed ubi? Disparis Religionis hominum conversationem civilem Evangelium non tollit Luc. X 33. vid. Crocius in h. l. p. 541. Ast alia rerum facies in Ecclesiæ Spirituali Communione. Hanc illis negamus & pernegamus, adeo ut nec AVE dicamus. Johan. Epist. II. 10. Distingventes tamen hoc in loco, accuratis limitibus charitatem communem & fraternam, exemplo Petri, qvi c. I. Ep. II. 7. inter φιλαδελφίαν i. e. fraternam charitatem & ἀγάπην dilectionem distinguit, non hanc sed illam eis denegando, cum pro fratribus in Christo non agnoscendi. Qvod observavit Lutherus in Colloqvio Marpurgensi Cinglio, Jacobus Andreæ in Montisbelgardensi Bezæ fraternitatis dextram negantes, licèt ad humanitatis dextram porrigendam, non essent difficiles (. Kröm Scrutin. Relig. p. 479. seq.) præsentissimo procul dubio periculo abstérriti, qvia manus eorum veneno referre, ideoqve (ut Gregorius Nazianz. Orat. XXV. p. 432 monet) ἡ κοινωνία ἡμῶν τὴν φιλίαν, φεύγομεν, communionem hæreticorum tanqvam venenum serpentis fugimus. Nec mirum, qvod morbis Epidemicis deteriores dicantur Hæretici, teste Chrysostomo ad 2. Tim. II. 17. ἀνδίκητον κακὸν οὐκέτι ἰατρείᾳ κατασχεθῆναι δυνάμενον ἀλλὰ τὸ πᾶν λυμαίνεται, i. e. infrenum malum, qvod nulla medicatione coerceri potest, sed omnia vastat; qvia rectè Epiphanias lib II. Tom I. contra Phrygastas hæres. XLII. p. 181. dicit: αἵρεσις τῇ αἱμοῤῥοίᾳ οἷα ἐχίδνῃ ἐστικῇ, ἧς ἡ λύπη τῶν δεδηγμένων πάντος τοῦ σώματος ἐκκρίσει, καὶ ὕτως τὸν θάνατον ἐκβάλλει h. e. Jmo Cornario Medico Physico Interprete p. 196 hæresis hæmorrho viperæ similis, cujus pernicies de universo corpore commoriorum sangvinem effundit, & sic mortem inducit. Ergo felix qvem faciunt aliena pericula cautum.

FINIS.

Bericht an dem Buchbinder:

DEmselben wird zur Nachricht dienen / daß er den Bogen J nach den Custotes falsc / daß nemlich das dritte Blat nach dem vierdten komme / weil der Bogen verschossen.

www.ingramcontent.com/pod-product-compliance
Lightning Source LLC
Chambersburg PA
CBHW030344170426
43202CB00010B/1239